# LES TROUBLES PSYCHIQUES À L'ADOLESCENCE

Les topos

## *Psychologie*

*Psychologie sociale et relations intergroupes*, A.-E. Azzi, O. Klein
*L'identité sociale*, L. Baugnet
*L'entretien clinique*, H. Bénony, K. Chahraoui
*Les méthodes d'évaluation de la personnalité*, J.-L. Bernaud
*Les représentations sociales*, C. Bonardi, N. Roussiau
*Psychopathologie de l'enfant*, M. Boubli
*Psychanalyse et méthodes projectives*, C. Chabert
*L'observation clinique*, A. Ciccone
*La psychologie clinique interculturelle*, F. Couchard
*Éduquer l'intelligence*, J.-C. Coulet
*Le développement du langage*, A. Florin
*Les métiers de la psychologie*, R. Ghiglione
*Psychologie sociale et évaluation*, G. Guingouain
*L'identité sexuée*, G. Le Maner-Idrissi
*Introduction à la psychopathologie*, J. Ménéchal
*Qu'est-ce que la névrose ?*, J. Ménéchal
*Les troubles psychiques à l'adolescence*, F. Richard
*La communication sociale*, M.-L. Rouquette
*Pour introduire la psychologie clinique*, E. Schmid-Kitsikis

## *Lettres*

*La littérature française du Moyen Âge*, E. Baumgartner
*La littérature française du XVII^e siècle*, D. Bertrand
*Introduction à la stylistique*, B. Buffard-Moret
*Introduction à la versification*, B. Buffard-Moret
*La poésie française depuis Baudelaire*, B. Marchal-Vincent
*L'analyse du texte de théâtre*, M. Pruner
*L'analyse du récit*, Y. Reuter
*La critique littéraire*, J. Roger
*Les genres littéraires*, Y. Stalloni
*La littérature française du XVIII^e siècle*, J.-J. Tatin-Gourier

François Richard

# LES TROUBLES PSYCHIQUES À L'ADOLESCENCE

DUNOD

Conseiller éditorial pour cet ouvrage :
René Kaës





ISBN 2 10 003757 9

# Sommaire

## Chapitre 4

### Adolescence et psychose



## Chapitre 5

### Passage adolescent, rituels d'initiation et crise de société

# Avant-propos

Cet ouvrage sur les troubles psychiques à l'adolescence est destiné principalement aux étudiants des facultés et des instituts de psychologie, mais aussi aux étudiants en psychiatrie et à tout lecteur interrogé par les difficultés croissantes des adolescents, qu'il soit parent, pédagogue, médecin, intervenant dans le champ social ou judiciaire, etc.

Il peut constituer un précis de référence rapide dans la mesure où il synthétise les principaux travaux sur le sujet, avec comme axe théorique principal la psychanalyse freudienne qui demeure l'ensemble le plus cohérent concernant la compréhension du psychisme et de sa pathologie. La préoccupation des psychanalystes, psychiatres et psychologues pour l'adolescence est relativement récente, dans la mesure où le modèle fondamental est celui de la névrose infantile dans son rapport aux troubles psychiques de l'adulte. Or l'adolescence a sa pathologie propre, souvent aiguë et pas seulement de transition, même si une large part de cette pathologie correspond à une crise ou à une rupture du développement. On peut définir le processus d'adolescence comme le travail psychique rendu nécessaire par le bouleversement pubertaire, où se joue le devenir de l'organisation psychique infantile antérieure ainsi que certaines origines de la pathologie adulte : en particulier l'entrée dans la psychose ou encore la chronicisation « cas limite » adulte de certaines troubles du comportement et d'une pathologie de la dépendance.

L'adolescence est une tranche de la vie définie doublement par le phénomène biologique de la puberté et par son statut socioculturel. Le remaniement pubertaire réactualise le complexe d'Œdipe infantile sur le mode d'un conflit avec les parents qui peut déboucher sur une « folie pubertaire » ou sur des « agirs » qui sont autant des évitements qu'une exacerbation de ce conflit. Chez l'adulte, le souvenir de son adolescence recèle souvent les ressorts d'une dépression actuelle ou d'un risque de psychose, il traduit aussi la persistance d'un mode d'être.

Les difficultés croissantes des adolescents contemporains doivent être resituées dans un contexte de crise socio-économique et culturelle qui fragilise les points de repères symboliques et identificatoires nécessaires à la subjectivation. Ceci conduit à des interrogations d'ordre éthique et politique, ainsi qu'à un dialogue avec des disciplines comme la sociologie et l'anthropologie sociale dès lors qu'il s'agit d'analyser les effets de la déliaison sociale et d'un nouveau « malaise dans la civilisation » sur le psychisme des adolescents. Mais la perspective centrale reste ici celle d'une reproblématisation de la psychopathologie : les troubles psychiques à l'adolescence constituent un carrefour de la psychopathologie générale où se croisent les champs de la névrose, de la psychose et des pathologies ni névrotiques ni psychotiques, qui peuvent ainsi être considérées dans leur évolutivité, leur complexité et leur articulation structurale.

La psychopathologie supposant un langage spécialisé, les termes renvoyant à des concepts ont été réduits au minimum indispensable et sont largement commentés. L'auteur remercie par avance les lecteurs pour les remarques et suggestions qu'ils voudront bien formuler pour améliorer cet ouvrage qui se veut d'utilisation facile.

# Chapitre 1

# Le complexe d'Œdipe à l'adolescence

## I. LA CONCEPTION FREUDIENNE DE L'ADOLESCENCE

> Nous ne manquons jamais de découvrir qu'un souvenir refoulé ne s'est transformé qu'après-coup en traumatisme. La raison de cet état de chose se trouve dans l'époque tardive de la puberté par comparaison avec le reste de l'évolution des individus [...] Tout adolescent recèle des traces mnémoniques qui ne deviennent compréhensibles qu'après l'apparition de ses propres sensations sexuelles. Chacun devrait donc porter en soi un germe d'hystérie [...] La date tardive de la puberté rend possible la production de processus primaires posthumes.
>
> S. Freud, « Esquisse d'une psychologie scientifique », 1895, in *La naissance de la psychanalyse*, Paris, PUF, 1973.

La poussée pulsionnelle pubertaire agissant comme un corps à la fois étranger et interne (comme un traumatisme), tout adolescent serait-il peu ou prou hystérique ? Une hystérie pubertaire s'organiserait autour des traces mémorielles de l'onanisme infantile lui-même relié au complexe d'Œdipe de l'enfance. Freud développe sa conception de l'adolescence, à propos du cas Emma, comme l'après-coup d'une séduction vécue dans l'enfance. Emma, jeune femme phobique, assignait l'origine de son symptôme à un épisode de sa puberté où elle s'était sentie attirée par un garçon ; cet épisode cachait en fait le souvenir inconscient d'une scène infantile où un homme adulte avait cherché à avoir avec elle une relation sexuelle, c'est-à-dire d'une scène interprétable en termes de situation œdipienne incestueuse dont la trace mémorielle serait réveillée (dans la culpabilité) par la puberté. On conçoit qu'Emma ait dû activement refouler cette scène infantile, mais tout adolescent ne doit-il pas s'opposer au polymorphisme et à la dimension œdipienne de sa sexualité infantile pour accéder à la sexualité adulte ?

> L'avènement de la puberté inaugure les transformations qui doivent mener la vie sexuelle infantile à sa forme normale définitive. La pulsion sexuelle était jusqu'ici essentiellement auto-érotique, elle trouve à présent l'objet sexuel [...] Maintenant, un nouveau but est donné, à la réalisation duquel toutes les pulsions partielles collaborent, tandis que les zones érogènes se subordonnent au primat de la zone génitale [...] Le plaisir final est le plus élevé en intensité et diffère dans son mécanisme de ceux qui l'ont précédé.
>
> S. Freud, *Trois essais sur la théorie de la sexualité,* 1905, Paris, Gallimard, 1927.

La normalité adulte imposerait une conformité sexuelle incompatible avec la « perversité polymorphe » et avec la bisexualité psychique de la sexualité infantile. La contrainte qu'exerce cette conformité peut induire chez certains adolescents une « cassure » dans leur développement (*cf.* chap. 2). Freud, dans le même ouvrage, *Trois essais sur la théorie de la sexualité,* théorise le seuil pubertaire comme l'obligation de devenir un adulte hétérosexuel et futur parent, et ironise sur l'opinion populaire qui réduit le sexuel à une génitalité qui débuterait à la puberté. Il développe une conception des pulsions comme pouvant se diriger vers des objets très variables et se déployer dans des contextes éloignés de la sexualité dite normale. La tension entre une nécessaire normalité et le caractère anarchiste des pulsions produit, à l'adolescence plus encore qu'à l'âge adulte, un trouble du sentiment d'unité de soi et un conflit entre l'émergence pulsionnelle et ce sentiment.

À l'adolescence se constitue le psychisme adulte définitif à partir d'une réécriture du vécu infantile qui cherche à rétrojecter dans l'enfance les idéaux de la sexualité adulte :

> [...] On doit se rappeler que les « souvenirs d'enfance » des hommes ne sont fixés qu'à un âge plus avancé (le plus souvent à l'époque de la puberté), et qu'ils subissent alors un processus de remaniement compliqué, tout à fait analogue à celui de la formation des légendes d'un peuple sur ses origines. On peut reconnaître clairement que l'adolescent cherche à effacer, par des fantasmes concernant sa première jeunesse, *le souvenir de son activité auto-érotique.* Il y arrive en

élevant au niveau de l'amour objectal les traces laissées par l'autoérotisme, tout comme le fait le véritable historien qui tâche d'envisager le passé à la lumière du présent.

S. Freud, « Remarques sur un cas de névrose obsessionnelle (l'Homme aux rats) », 1909, *Cinq psychanalyses*, Paris, PUF, 1970.

Selon Aulagnier, à chaque seuil important de sa vie, un sujet élabore une nouvelle version de son histoire, en en refoulant certains aspects et en en transformant d'autres, en fonction de ses idéaux actuels mais toujours en accord avec le principe de plaisir qui a besoin des figurations sexuelles les plus archaïques (qu'elles soient fantasmatiques, oniriques, ou hallucinatoires). Freud cherche l'infantile au travers des représentations forgées à l'adolescence. Il distingue les souvenirs qui masquent l'infantile par des scènes plus tardives de ceux qui recouvrent des désirs actuels par des scènes puériles. Dans le second cas, c'est l'univers de la puberté qui est censuré et au contraire, celui de l'enfance qui est porté à la conscience, à l'inverse du point de vue psychanalytique habituel qui fait de l'infantile le refoulé par excellence.

## II. LA « FOLIE PUBERTAIRE »

Le processus d'adolescence vise à surmonter la résurgence du complexe d'Œdipe infantile. Il se caractérise par le détachement avec les parents et une lutte contre les représentations incestueuses. Il cherche à établir une digue contre ces représentations excitantes et psychiquement insupportables. Or c'est le moment où la sexualité ne peut plus être différée et où le sujet peut trouver un objet complémentaire. La masturbation à l'adolescence répond à cette contradiction puisqu'elle maintient une distance avec l'objet et reporte le rapport sexuel (si celui-ci est trop longtemps retardé, l'adolescent risque de manquer le temps de l'expérimentation et de se voir envahi par un sentiment de passivité et une angoisse de castration).

P. Gutton souligne le danger de régression chez l'adolescent en proie à des éprouvés incestueux : « La violence de l'Œdipe génital a tendance à ramener à un "inceste primordial mère-bébé" et fait resurgir l'archaïque. » Les fantasmes sexuels s'organisent alors sur le modèle de la relation du bébé au sein de la mère, dans la conviction « d'être devenu l'objet adéquat du parent incestueux » et dans une fascination paralysante. Un sentiment de devenir fou s'empare du sujet qui ne parvient pas à refouler ses fantasmes, livré à la proximité imaginaire avec le corps maternel, en attente d'un appui possible sur la fonction paternelle, en proie qui plus est à des mouvements agressifs violents contre ses parents. Les « scènes pubertaires » (P. Gutton) sont des fantasmes sexuels caractérisés par la prégnance des objets partiels et la fragilité de la référence à un tiers séparant de l'objet incestueux. La « folie pubertaire » correspond à une complicité entre un(e) adolescent(e) et un parent autour d'un désir incestueux réciproque non accompli, saturant la relation d'ambiguïté, d'excitation et de déni. « Scènes pubertaires » et « folie pubertaire » constituent une névrose hystérique spécifique de l'adolescence, marquée par son potentiel de régression et parfois de délire : l'adolescent bascule dans un état de « folie hystérique » momentanée ne débouchant pas sur une psychose, mais perd contact avec la réalité dans la construction délirante de persécuteurs excitants et de doubles de lui-même. Le cas « Dora » analysé par Freud comporte une dimension de ce type. Freud met l'accent sur l'analyse des relations actuelles de l'adolescente Dora, autant que sur celle de sa névrose infantile. Dans la « folie pubertaire », l'entourage familial joue un rôle essentiel et précipite la pathologie. À l'inverse, l'adolescent met ses parents en crise. Il y a antinomie entre la sexualité des adolescents et celle des parents. Les parents doivent alors accepter d'être perçus par leurs enfants comme des êtres vieillissants qui ont renonçé à la sexualité, ce qui permettra à leurs enfants de s'autonomiser. La comparaison des capacités de séduction se fera au profit des adolescents pour lesquels le renforcement du narcissisme est essentiel, à un moment où leurs parents, mieux étayés sur leur maturité psychique, ont sans doute moins besoin de revendiquer un narcissisme phallique. Il est important qu'ils aient en même temps la capacité de tenir leurs positions symboliques phalliques d'adultes idéaux solides et épanouis, à défaut de quoi leur enfant les percevra comme déchus et châtrés, ce qui l'entraînera vers la dépression. Il n'est pas rare, à l'inverse, qu'un adolescent surestime ses parents et les considère comme « grandioses » (P. Blos) dans un sentiment d'infériorité qui est l'indicateur d'un fantasme masochiste sous-jacent (fantasme d'échec du désir incestueux renversé en passivité et en fascination). Ainsi l'adolescent oscille fréquemment entre dépression et excitation maniaque, en proie à des représentations grandioses de ses parents mais aussi de lui-même, et qui menacent son sentiment d'être un sujet (une « crise existentielle » et la pose du génie créateur peuvent se greffer sur un tel état maniaque).

La puberté de l'enfant provoque les parents et peut les rendre nostalgiques de leur propre émergence pubertaire passée. Une « folie pubertaire » s'installe, au détriment de l'adolescent qui va « croire » à sa complémentarité avec le parent œdipien, même si celui-ci se tient à distance et peut même chercher à calmer l'excitation provoquée par sa propre séduction (mode de relation qui n'arrange pas forcément les choses puisqu'il renforce le lien). On trouve souvent dans ces situations des fantasmes où le parent œdipien est adultère, c'est-à-dire où il est susceptible de s'éloigner de l'autre parent et d'être séduit par l'adolescent.

Face à ce type de problématique, il est délicat de tenter une interprétation qui pourrait faire croître l'excitation. On cherchera plutôt à interpréter ce qui, dans la vie quotidienne plus banale, correspond à cette folie pubertaire, de façon moins frontale (P. Mâle), ce qui favorisera une amélioration. Mais des « explications » franches pourront, elles aussi, rassurer l'adolescent. La psychanalyse des adolescents se place toujours entre deux écueils : celui d'aller trop vite à l'essentiel et celui de n'y pas assez aller. Cependant lorsque la souffrance psychique est présente chez l'adolescent, de toutes façons blessé par les changements qui surviennent, il ne faudra pas hésiter à engager, selon Gutton et Laufer, une psychanalyse.

La « folie pubertaire » comporte en fait deux volets : celui où le sujet s'engouffre dans le désir incestueux et celui de la fixation homosexuelle (l'« Œdipe négatif » où le sujet se soumet imaginairement au parent du même sexe). Ces deux dimensions s'annulent l'une l'autre, mais se renforcent aussi l'une l'autre (la position passive homosexuelle cherchant à se nier dans les fantasmes de conquête incestueuse active). D'un côté la folie de l'inceste, de l'autre la dépression résultant du sentiment d'échec et de passivité face au parent grandiose du même sexe. Ces deux extrêmes sont le plus souvent atténués par un appui possible sur la fonction parentale interdictrice de l'inceste (pas totalement détruite) et par le fait que l'adolescent reconnaît rarement sa dépression comme telle (il se dira plutôt « fatigué » et parlera de son sentiment d'ennui).

La projection est ici essentielle. L'adolescent en échec peut tout à coup projeter son sentiment d'échec sur ses parents. Ou au contraire attendre de ceux-ci la force qui lui manque (comme dans ces rituels traditionnels de passage de l'enfance à l'âge adulte où un homme adulte transmet la virilité à l'adolescent dans un agir homosexuel prescrit). L'enjeu est celui du moi idéal, de l'idéal du moi et du surmoi, dans un moment où se rejoue l'identification primaire infantile au père, caractérisée elle aussi par une représentation grandiose du père. Pour la fille, l'enjeu sera le même, avec en plus celui de l'élaboration psychique difficile de la féminité de sa mère dans sa dimension archaïque (des comportements de vol, de toxicomanie, de boulimie, ou d'expériences sexuelles désordonnées, par exemple, expriment la crainte de ce qui serait « mauvais » dans la féminité).

## III. L'HOMOSEXUALITÉ À L'ADOLESCENCE

L'un des avatars du complexe d'Œdipe à l'adolescence peut se retrouver dans une position psychique d'échec dans la conquête de l'objet hétérosexuel et de soumission homosexuelle au parent « grandiose » du même sexe.

Mais il existe aussi une homosexualité transitoire normale à l'adolescence, le plus souvent inhibée et méconnue comme telle. À propos du cas « Dora », Freud parle de l'affectivité exacerbée des adolescentes entre elles comme d'une étape préparatoire aux liaisons hétérosexuelles. En fait, l'homosexualité (ou plutôt la « gynécophilie », terme employé par Freud qui souligne ainsi la dimension d'amour), présente chez Dora, correspond à une quête de modèle identificatoire féminin. Sa mère étant une femme effacée, dépressive et souvent malade, Dora s'était tournée vers « Mme K. », la maîtresse de son père, pour devenir sa confidente et son amie, alors même qu'elle était amoureuse de M. K., le mari de Mme K. Lorsque Dora parle de Mme K. et de sa beauté, on croirait entendre une amoureuse, commente Freud. Dora cherche en fait une femme à laquelle elle puisse s'identifier pour pouvoir elle-même devenir une femme et surmonter son engluement dans l'hystérie et la folie pubertaire (ses fantasmes trop crus sur son père et M. K.). Plus que d'homosexualité, il s'agit de quête identificatoire.

À côté de l'identification à une figure parentale susceptible d'être idéalisée, il existe, à l'adolescence, une quête fraternelle du semblable (ce qui explique l'importance du groupe d'autres adolescents mais aussi des amitiés amoureuses). C'est alors non plus le modèle de ce que l'on voudrait devenir que recherche l'adolescent, mais celui de ce qu'il est.

La virtualité régressive de la puberté rapproche des représentations inconscientes de la mère puissante qui se sont manifestées à la petite enfance. Le père devient plus distant, plus flou. Le besoin d'échanger avec lui et de s'appuyer sur lui peut favoriser l'homosexualité masculine à l'adolescence mais celle-ci peut répondre à l'inverse au sentiment que si le père est inaccessible, il faut alors se nourrir par soi-même. L'agir homosexuel cherche le père mais évite l'identification au père œdipien hétérosexuel. Il ne correspond pas uniquement à une soumission à une figure de père grandiose dans l'identification à la mère (rejetée comme trop soumise au père ou accusée d'être castratrice), mais aussi à une quête de la fonction paternelle.

## IV. PARENTS ET ADOLESCENTS

L'un des enjeux de l'adolescence est le passage réussi de l'insertion dans la famille vers une insertion dans la société, mais la séparation d'avec la famille est rendue de plus en plus difficile tant pour des raisons psychologiques que pour des raisons socio-économiques (*cf.* chap. 5) ; ce passage nécessaire rend complexe la situation des adolescents mais aussi celle de leurs parents. L'allongement du temps de scolarisation et de cohabitation avec les parents confronte ceux-ci à leur propre « crise du milieu de la vie », parfois causée par l'escamotage, en leur temps, de leurs propres questions adolescentes. Le franchissement de ce temps suppose un accompagnement parental mais aussi une société structurante. Être parent d'adolescent n'est pas la simple continuité du parent que l'on a été pour l'enfant. Ce qui a pu s'organiser plus ou moins bien dans l'enfance peut se désorganiser à l'adolescence, pour les parents aussi. Avant de les culpabiliser, il faut constater la difficulté à soutenir la parentalité dans une société de déclin (ou peut-être plutôt de mutation) de la fonction paternelle. L'adolescence de l'enfant agit souvent comme révélateur d'un conflit parental larvé qui éclate à ce moment, ou d'un décalage entre le discours parental et celui de la société. L'adolescent se révolte alors contre ses parents au nom de la modernité, se livre à la délinquance ou encore se réfugie dans le respect des traditions (ces trois destins sont caractéristiques des jeunes Beurs). Enfin, dans tous les cas, la résurgence du complexe d'Œdipe à l'adolescence suscite chez les parents une remise en cause de leurs positionnements identificatoires œdipiens dans un « contre-Œdipe » ressentant l'adolescent(e) comme un(e) rival(e). Si l'adolescent « pousse à bout » ses parents, c'est qu'il pose les questions qu'eux-mêmes ont laissées en suspens ; s'il leur « répond », c'est qu'il leur renvoie leur propre aliénation.

Dans les fantasmes de la « folie pubertaire », l'adolescent(e) imagine le parent du sexe opposé adultère, projetant sur lui ses propres vœux de séduction. Mais à l'inverse, un parent peut percevoir chez l'adolescent de sexe opposé l'objet génital complémentaire idéal et, chez celui du même sexe, l'incarnation de ses propres pulsions. L'adolescent menace alors l'adulte autant que l'adulte fait peur à l'adolescent. Une telle persécutivité réciproque concerne la relation du fils au père, de la fille à la mère : l'adolescent bute sur l'image grandiose et phallique de l'adulte (P. Blos, P. Gutton), et de même l'adulte croit souvent lui aussi percevoir cette image chez l'adolescent, sur le mode d'une nostalgie d'un narcissisme phallique pubertaire. Il ne s'agit ni de parricide ni d'infanticide, mais chacun veut prendre sa place. Ainsi le père d'un fils adolescent peut se sentir menacé par cette figure condensant tout à la fois la jeunesse conquérante et une représentation inconsciente de son propre père œdipien dont il fut jadis le rival. C'est alors le complexe d'Œdipe du père qui est réactualisé, non moins activement que celui de son fils adolescent (la rivalité, l'envie, l'inquiétude, tout s'y retrouve). Dans le mythe grec, le parricide et l'inceste que commet Œdipe à la fin de son adolescence dans le mouvement conquérant qui le mène vers la royauté, est précédé par le geste hostile de son père, Laïos qui, pour conjurer l'oracle lui prédisant que son fils attenterait à ses jours, avait cherché à tuer Œdipe enfant.

Le conflit se négocie au quotidien, au coup par coup, dans une instabilité des économies actuelles des libidos des protagonistes. Les adultes ont tendance à vouloir gagner à tout prix : soit ils prétendent respecter l'indépendance de l'adolescent, soit ils le disqualifient (au nom de ce que l'on appelle communément « l'âge bête »), dans tous les cas ils cherchent à rester jeunes (en prolongeant leur propre adolescence, mais en plus avertie et expérimentée). Si notre société fait de l'adolescence le modèle idéal de la jeunesse et du changement, c'est peut-être la génération des parents d'adolescents qui incarne le modèle de la force et de l'épanouissement. Le mouvement identificatoire n'a pas de fin et le complexe d'Œdipe s'élabore à tous les âges de la vie. Il ne faut pas confondre le besoin qu'a l'adolescent(e) de se représenter ses parents comme assagis et désexualisés et la disparition effective d'une vie amoureuse forte chez ces derniers : un excès de représentations de parents désexualisés peut mener l'adolescent à sacrifier son propre épanouissement amoureux à la fois par identification à eux et par culpabilité à l'idée de faire mieux qu'eux.

L'adolescent assigne souvent à d'autres adultes que ses parents (enseignants, mais aussi psychiatres, psychologues, psychanalystes) la tâche difficile d'être à la fois vivants, capables d'entrer en relation authentique avec lui, et suffisamment en retrait. La question s'est souvent posée de savoir si l'adolescent était apte à développer un transfert sur un psychothérapeute, dans la mesure où il se trouve engagé dans une quête relationnelle pouvant tirer la relation thérapeutique vers une interaction située à un niveau de communication trop actuel et réalitaire. Mais l'adhésivité et la proximité ne sont pas exclusifs de la constitution d'une « névrose de transfert » à condition que soit maintenue une nécessaire distance au sein même d'un style d'échange « sympathique ». Il n'est pas rare d'observer, dans une psychothérapie débutante, des émergences de représentations proches d'une signification incestueuse, parallèlement à des tentatives d'intrusion des parents dans le processus en cours (appels téléphoniques inquiets, pressions pour que l'adolescent se rende à ses séances ou au contraire hostilité larvée à la prise en charge clinique). Les intrusions parentales dans l'autonomisation de l'adolescent prennent le sens d'une emprise incestueuse et l'on pourra interpréter celle-ci comme une résistance à l'autonomisation de l'adolescent sans trop insister sur la folie pubertaire incestueuse menaçante. Il sera aussi utile de montrer à l'adolescent que ses parents sont eux aussi soumis à des besoins de dépendance, et qu'il leur est difficile de se séparer de lui. C'est la relation actuelle aux parents qui est analysée autant que le lien infantile (à vrai dire celui-ci n'est jamais aussi dramatiquement prégnant que dans la douleur résultant, à l'adolescence, d'un excès de proximité associé à la nécessité de s'éloigner des parents). Parfois, plus un adolescent cherche à s'éloigner physiquement de ses parents (fugues, errance, changement brutal de mode de vie, ou mutisme opposant à la maison), plus on perçoit dans son discours le parasitage de représentations et d'affects reliés à une trop grande proximité psychique avec eux.

Il est classique de mettre en place un dispositif « multifocal » (*cf.* chap. 4, paragr. V) propre à préserver l'espace de parole de l'adolescent des intrusions parentales, mais il s'avère cependant utile que le psychothérapeute n'évite pas l'échange avec les parents. En effet celui-ci permet d'établir un pacte et une confiance nécessaires au processus clinique. Il est alors important de se déprendre de la tentation d'encadrer la famille pour qu'elle puisse encadrer à son tour l'adolescent, ce qui transformerait la psychothérapie individuelle en élément d'une thérapie familiale (qui peut être entreprise, mais selon un dispositif différent). Une psychothérapie d'adolescent qui se déroule bien peut faire évoluer rapidement le système relationnel familial en une sorte de « retour à l'envoyeur » par lequel l'adolescent traque les difficultés de ses parents. Pourraient apparaître ici la dépressivité plus ou moins latente des parents et la culpabilité de l'adolescent qui envisage un futur d'épanouissement vital pour lui et de vieillissement pour ses parents. Cela peut favoriser le suspens de tout changement dans un vécu d'interpénétration psychique entre les membres de la famille, trop dépendants les uns des autres. La figure du psychothérapeute représente, pour ce type de système relationnel bloqué, une ouverture vers des possibles inconnus.

La psychanalyse par Freud de la jeune adolescente Dora met en évidence un système de dépendance réciproque entre la jeune fille, ses parents et le couple d'amis de ses parents, M. et Mme K. Les adultes apparaissent comme aussi « adolescents » que Dora, empêtrés qu'ils sont dans leurs histoires amoureuses qui les conduisent à négliger leurs devoirs d'adultes envers la jeune fille. Ainsi le père de Dora la pousse à engager une psychothérapie avec Freud parce qu'il espère que s'atténueront ainsi les reproches et l'opposition de sa fille à la liaison qu'il entretient avec Mme K. Freud se situera face à l'adolescente comme une figure paternelle plus acceptable que celle d'un père faible et dissimulateur. Dora s'imaginait que son père et M. K. avaient passé entre eux un contrat selon lequel, en échange de la complaisance de M. K. quant à la liaison du père de Dora avec Mme K., Dora aurait été livrée aux avances sexuelles de M. K. Ce fantasme hystérique résulte des pulsions pubertaires et de la masturbation de Dora, mais reflète en même temps une logique relationnelle effectivement à l'œuvre. De même, les fantasmes de Dora sur le type de pratique sexuelle de son père avec Mme K. (la fellation), sur le risque d'épuisement voire de mort de son père pendant l'acte sexuel et sur une transmission héréditaire d'une pathologie sexuelle de son père à elle, relèvent bien sûr de ce qu'elle a elle-même psychiquement construit dans sa névrose, à partir de son conflit œdipien (amour pour son père et quête d'une identité féminine), mais traduisent aussi une ambiance de « folie pubertaire » excitante (le père de Dora laisse trop entrevoir à sa fille sa vie amoureuse et sexuelle ; M. K., dont Dora, est amoureuse est trop proche de son père ; et enfin Dora est la grande confidente de Mme K. avec laquelle elle partage des secrets d'alcôves et pour laquelle elle éprouve une admiration fortement teintée d'émois homosexuels). Cela est si vrai que Freud se montre parfois tenté d'interpréter la résurgence en Dora de sa névrose infantile comme un moyen de défense contre des émois et des investissements actuels. La cure est d'emblée conditionnée par les intérêts de son père et Dora l'interrompra dès lors qu'elle croira sentir une remise en cause trop radicale du système relationnel existant. L'analyse débusque l'intense préoccupation sexuelle de Dora, son amour pour M. K. et pour son père, puis son admiration amoureuse pour Mme K. en qui elle cherche un modèle identificatoire. Reste alors la part non analysée de la relation de Dora à sa mère, femme effacée, malade et dépressive : l'hystérie pubertaire de Dora se développe et se fonde sur des déficiences précoces de l'étayage anaclitique sur l'objet maternel primaire, le mélange hystéro-phobique d'appétit génital et de revendication affective traduisant une dépendance orale infantile. Ce dernier niveau d'organisation psychique ne sera pas traité dans la cure (ce à quoi Freud attribuera l'interruption prématurée de la cure, conjointement à la coexcitation entre Dora et son entourage familial – corollaire des difficultés de son père à tenir sa fonction paternelle). L'intervention clinique traite ici autant la réalité externe que la réalité psychique. Dans certains cas, le symptôme parental est à ce point « transgénérationnel » que la prise en charge clinique de l'adolescent aura pour préalable une approche de toute la famille et une réorganisation des conditions de vie (hospitalisation, départ du domicile familial pour un foyer, etc.). La proximité psychique excessive et confusionnante entre les parents et l'adolescent doit être surmontée pour qu'il puisse écrire un nouveau chapitre de son histoire et réécrire partiellement les chapitres précédents en fonction de son changement identificatoire actuel (P. Aulagnier). Il pourra alors s'appuyer sur des « anciens » (qui sont aussi ses contemporains) pour s'individualiser dans un processus où l'histoire individuelle se substitue à l'enracinement (parfois aliéné parce que trop hypnotique et « originaire ») dans le groupe familial primaire (R. Kaës). L'adolescent s'émancipe des parents en investissant le groupe des autres adolescents ainsi que le champ socioculturel (les « groupes secondaires »). Sur cette voie, la désorientation et le retour en arrière ne manquent pas de se produire dès lors qu'existent des nœuds inter-(et trans) subjectifs qui assujettissent au groupe familial primaire. Un des dégagements possibles (mais illusoire), consistera souvent en un vœu d'auto-engendrement et de seconde naissance initiatique ne devant rien aux parents : l'opposition, la révolte et la négativité viseront alors paradoxalement la reconstitution d'un sens des origines. Tout sujet n'existe que dans sa relation à ses prédécesseurs et successeurs, ainsi qu'à ses contemporains. L'enchaînement des générations est un fait social : il y a action réciproque entre les « jeunes » et les « anciens », ces derniers ayant à se transformer lorsque les jeunes deviennent des adultes. Mais il faut distinguer la parentalité comme fonction symbolique et sociale des complexes d'Œdipe individuels de chacun des parents confrontés à leur enfant devenant adolescent.

# Chapitre 2

## L'adolescence comme rupture du développement

### I. CE QUI CHANGE À L'ADOLESCENCE

Adolescence signifie en latin « grandir », l'adolescence est un passage entre l'enfance et l'âge adulte. Le sentiment d'identité de l'adolescent ne peut être ni celui d'un enfant ni celui d'un adulte ; cela entraîne souvent une sensation de vide et le recours à des identifications changeantes.

L'adolescence peut se définir comme le travail psychique rendu nécessaire par les transformations physiologiques et le bouleversement pulsionnel de la puberté, même si l'on peut aussi, dans une approche culturaliste, considérer qu'elle n'existe pas dans des sociétés où l'on passe directement de l'enfance à l'âge adulte. Dans les sociétés occidentales actuelles, l'adolescence constitue une génération intermédiaire entre le monde des enfants et le monde des adultes, et devient le modèle du changement. Mais elle devient aussi le modèle par excellence du trouble du sentiment d'identité.

La puberté réactualise le désir et le conflit œdipiens infantiles, mais l'inceste est désormais réalisable ; l'adolescent doit donc rejeter ses parents. Grandir est un acte agressif qui met symboliquement les parents à mort : à la culpabilité qui en découle s'ajoute le deuil difficile du lien aux parents de la petite enfance, véritable « second processus de séparation-individuation » (P. Blos). L'adolescent cherche de nouvelles identifications secondaires (l'identification primaire restant stable sauf en cas de rupture psychotique), ce qui demande du temps, parfois le plonge dans la dépression et le conduit à l'errance. L'adolescence est une crise normale du développement, mais aussi un moment de possibles troubles psychopathologiques. Freud pensait qu'« avec le commencement de la puberté, apparaissent des transformations qui amèneront la vie sexuelle infantile à sa forme définitive et normale ». La possibilité physiologique de l'accomplissement des vœux incestueux et la fréquente intolérance envers les pulsions colorent d'angoisse ces transformations ; une grande partie des troubles psychopathologiques à l'adolescence résulte d'un recul devant la perspective d'accéder à la forme « définitive et normale » de la sexualité adulte.

L'image du corps se voit écartelée entre haine et narcissisme exacerbé (quel adolescent n'a passé de longs moments devant sa glace ?), entre sentiment d'une bizarrerie schizoïde et mise en scène symbolique des modes relationnels et des identifications (par exemple le vêtement et la longueur des cheveux expriment l'identité sexuelle). Inhérente à un processus développemental visant le détachement avec les objets parentaux de l'enfance (P. Blos, A. Freud, E. Kestemberg, F. Ladame), la dépression est, à l'adolescence, en un sens normale. De même les moyens de défense mis en œuvre : un certain ascétisme (par exemple ne pas se vêtir chaudement, braver les intempéries), le goût pour l'intellectualisation qui reconstruit le monde et adhère sans nuance à des idéologies, le clivage qui permet de disperser les désirs génitaux et incestueux et qui se traduit par de brusques passages d'un extrême à l'autre des sentiments, des opinions ou des idéaux (ainsi ces adolescents qui réclament bruyamment leur indépendance mais qui ont besoin d'être accompagnés par leurs parents pour des démarches banales). L'importance des mécanismes de clivage ainsi que de projection pose la question des relations entre adolescence et cas limite (R. Cahn, J.-F. Masterson). Les blessures narcissiques d'un sujet, peinant à correspondre à son idéal du moi, peuvent expliquer certaines conduites d'échec, et ce n'est que le fait de surmonter la reviviscence de l'attachement homosexuel infantile à la figure du père qui permet à l'adolescent de sexe masculin d'accéder à un idéal du moi stabilisé, caractérisé par une relation fraternelle au groupe des pairs. Sinon ce sera l'impasse : le rejet des identifications infantiles, la mise à distance des objets parentaux, le refus de soi en tant qu'être sexué, ce qui ouvre soit à l'immobilisation (voire à l'effondrement), soit à la multiplication des passages à l'acte et des expériences ne faisant que renforcer le clivage, parfois jusqu'au morcellement et jusqu'au risque de rupture avec la réalité. Le groupe des autres adolescents peut utilement offrir un espace où le trouble psychique pourra, dans le partage, être élaboré et nuancé.

Tous ces bouleversements répondent à la nécessité de sortir de l'enfance et en particulier de la période de latence. Il est difficile d'y distinguer la crise qui rompt la stabilité antérieure de la vraie pathologie. S'en remettre aux effets bénéfiques de la maturation spontanée, comme le proposait Winnicott, peut amener à sous-estimer la dimension de vraie pathologie et à ne pas entreprendre une prise en charge thérapeutique pourtant urgente.

On a souvent considéré l'adolescence comme un second processus de séparation-individuation, le premier étant celui par lequel l'enfant se dégage de sa mère réelle en internalisant son imago (M. Malher). Tout comme l'enfant se trouve pris entre relation symbiotique et autonomie, l'adolescent se trouve pris entre passé et futur et cherche à se dégager des objets internalisés pour aimer des objets extérieurs et extra-familiaux (P. Blos, A. Braconnier et D. Marcelli). Le passage se fait conflictuellement et peut se trouver arrêté, puis cassé dans ce que Laufer a théorisé comme le *breakdown*.

La notion de crise est ici insuffisante, même si son étymologie grecque désigne avec bonheur le moment de l'hésitation suivi de la décision ou de la sentence, c'est-à-dire la qualité de la subjectivation qui détermine le moment opportun de son expression. Pour la médecine, la crise est salutaire. C'est l'absence de crise d'adolescence qui peut s'avérer de mauvais augure. La « crise » d'adolescence renvoie à la crise de la société et de la civilisation dont on peut facilement faire des boucs émissaires. Mais plus on étudie les troubles psychiques à l'adolescence, plus on y décèle une causalité psychopathologique structurale.

La « crise d'originalité juvénile », décrite par le pédagogue et psychologue M. Debesse, se caractérise par l'horreur de la banalité et la propension de faire de soi, dans l'exaltation et la révolte, quelqu'un d'exceptionnel et de totalement singulier. La « crise juvénile » décrite par P. Mâle, correspond à la difficulté éprouvée par l'enfant devenant pubère, qui se confronte au changement corporel et à une dysharmonie entre génitalité corporelle et psychisme encore infantile. S'ensuivraient des tendances à la bizarrerie, à l'isolement, à la révolte ainsi que, plus spécifiquement, des difficultés scolaires (refus et échec malgré une intelligence normale), et en résultent inhibition, échec et morosité. P. Mâle préconise un abord psychothérapique actif fait de réassurance, d'anticipation et d'ouverture à des champs identificatoires pluriels.

Dans une approche psychosociologique, on soulignera la confusion d'identité de l'adolescent se sentant à la fois trop jeune et très vieux, désirant mourir et choisissant une « identité négative » s'exprimant, par exemple, dans une hostilité méprisante à l'égard de sa famille et des adultes (E.-H. Erickson). Mais la crise des rôles et des comportements reflète un conflit de développement ainsi qu'une structure subjectale. Ainsi A. Freud note que les fluctuations entre extrêmes opposés, typiques de l'adolescence, seraient anormales à un autre âge de la vie, tandis qu'E. Kestemberg souligne qu'à l'adolescence, la dépression, présente normalement dans le psychisme tout au long de la vie, se renforce sans pour autant se voir élaborée ni surmontée, de sorte qu'au sentiment fugace de plaisir éprouvé à l'idée de devenir adulte succède l'angoisse. À la déception succédera la conquête des assises narcissiques adultes sauf si, selon E. Kestemberg, le moi sidéré en reste à la désillusion, au traumatisme qu'aura été la puberté.

Au terme de « crise », A. Braconnier et D. Marcelli proposent de substituer celui de rupture du processus du développement. De ce fait, ils tiennent compte de la rapidité du changement et de la fréquente amnésie de l'enfance, ainsi que de la « cassure » tant corporelle que subjective. Les conceptions de M. Laufer sur la cassure du développement, lorsque l'adolescent refuse son corps pubère et la nécessité de sa détermination mâle ou femelle loin de la polyvalence des jeux sexuels et des identifications de l'enfance, sont ici essentielles.

## II. L'ADOLESCENT FACE À SON CORPS

Le corps change à l'adolescence. Mais on ne saurait confondre adolescence et effet des modifications hormonales de la puberté : l'adolescence se manifeste aussi par les attitudes nouvelles du sujet et correspond à un travail psychique important. Le corps pubère s'impose à une psyché qui subit passivement les transformations du corps : les règles, les premières éjaculations, les caractères sexuels secondaires, autant de réalités échappant au pouvoir de maîtrise du moi.

L'adolescent va ainsi devoir réapprendre à assimiler son corps à l'image qu'il a de lui-même, alors même qu'il devient la scène de son trouble. C'est un corps incestueux qui apparaît soudain manifestement issu de l'union sexuelle des parents avec lesquels les ressemblances physiques s'accentuent. Le rejet de son corps par l'adolescent est toujours une attaque contre les figures parentales. Dans les années cinquante et soixante, la revendication du droit à la différence a permis aux adolescents d'affermir leur identité, plus récemment cette revendication s'est déplacée sur le droit de disposer de son corps à sa guise, jusque dans les formes extrêmes du droit au suicide, à l'anorexie mentale ou aux conduites à risques (*cf.* chap. 3, paragr. II ; chap. 3, paragr. III et chap. 5, paragr. IV). La réappropriation du corps se traduira, dans un rituel d'initiation non codé, par des marques (modes, tatouages, attributs divers) qui signent une nouvelle appartenance et la coupure avec le monde de l'enfance, (*cf.* chap. 5, paragr. III).

L'adolescent se voit dans l'obligation d'assumer son autonomie face à une pression qui lui enjoint de quitter sa famille d'origine et de devenir un adulte aussi bien dans sa recherche de partenaires sexuels que dans son engagement dans la vie professionnelle. Les attitudes d'opposition sont de ce point de vue autant une réaction à cette pression qu'un besoin de coupure d'avec l'enfance. Ces attitudes peuvent être provisoires, mais peuvent aussi souvent se stabiliser en néo-identité de l'adolescent révolté et rêveur, ou encore en néo-identité négative autodestructrice. Elles frappent l'entourage par la brusquerie de leur apparition et par leur intensité, mais on peut toujours les comprendre comme des tentatives de réaménagement de l'espace relationnel si on comprend leur caractère d'attraction-répulsion pulsionnelle. L'adolescent extériorise dans ses comportements ce qu'il ne se représente pas clairement de son vécu psychique, la fréquence de recours aux agirs reflète quelque chose d'essentiel au phénomène adolescence (P. Jeammet).

« L'adolescence est une découverte personnelle… Chaque sujet est engagé dans une expérience – celle de vivre, dans un problème, celui d'exister » écrit Winnicott, soulignant la dimension ontologique de l'adolescence au-delà de sa dimension psychologique de crise de l'identité. Le rejet inconscient des modifications pubertaires du corps, selon Laufer, peut induire un phénomène de rupture (*breakdown*) psychique (*cf.* chap. 2, paragr. III) dès lors que ne sera pas intégrée la nouvelle capacité de jouissance dans le coït et l'orgasme. Le corps est au cœur de l'adolescence, selon A. Birraux qui définit l'adolescence comme le processus d'intégration psychique de la puberté. Une puberté précoce entraîne des difficultés psychologiques chez l'enfant devenu capable de procréer mais psychiquement immature. Inversement, une puberté tardive amène à tenter des systèmes de compensations provocants ou mal adaptés. L'équilibre est précaire entre le corps de l'enfant et celui de l'adulte qu'il n'est pas encore. L'adolescent(e) devient gauche, maladroit(e), ingrat(e). S'installe l'inquiétude que les dimensions et les formes du corps ne soient pas standard. Les bonnes manières laissent place à la grossièreté, à l'agressivité et au refus du rangement, ce qui occasionne des disputes au sein de la famille. En fait, l'adolescent a des difficultés à habiter ce corps nouveau dont la puberté l'a affublé, il se sent dysharmonique. Son refus de l'horaire des repas ou d'une séance de baignoire peut alors traduire un refus du corps. Le processus d'adolescence réorganise les logiques du plaisir du point de vue de la révélation de la complémentarité du sexe opposé dans la conscience de l'orgasme coïtal et de la capacité à faire un enfant. Or la perception de la « complémentarité des sexes » (A. Birraux, P. Gutton) confronte à la solitude, à l'angoisse d'abandon, voire à une auto-évaluation douloureuse. Autrement dit, l'émergence d'un but et d'un objet clairs à la pulsion est aussi vectrice de souffrance. Le rejet de la pulsion, voire la mort, représentent alors un échappatoire à cette souffrance (ascétisme, anorexie, tentative de suicide), dans un contexte socioculturel de tension entre la libération contemporaine de la sexualité et la rigidité répressive du standard esthétique véhiculé par les médias. La folie du corps anorexique, ou alcoolique, ou toxicomane, cherche illusoirement une complémentarité sexuelle dans la régression au modèle bouche-sein.

L'adolescent passe souvent à l'acte. Sans doute parce qu'il n'a pas su élaborer psychiquement un désir ou une crainte. Or l'acte a aussi la valeur structurante « d'effacer l'activité fantasmatique de l'enfance, d'oblitérer les représentations auto-érotiques pénibles en offrant un compromis extériorisable [...] L'acte est expérimentation des limites, de l'irréversibilité, rencontre de l'autre aussi bien que de soi-même [...] L'acte sexuel est exemplaire de cette fonction » (A. Birraux). La complémentarité des sexes exorcise le danger de l'inceste désormais rendu possible par les modifications corporelles pubertaires, à condition que le sujet substitue de nouveaux objets extérieurs d'investissement à ses images parentales intérieures.

## III. LE *BREAKDOWN*

Selon Laufer, la signification du changement corporel pubertaire pour le moi est centrale : va-t-il le refuser ou l'intégrer psychiquement ? Une « cassure » (*breakdown*) peut résulter d'une non-intégration d'une représentation de soi comme mâle ou femelle, identité génitale nouvelle incluant non seulement la capacité d'orgasme dans le coït mais aussi la capacité à être géniteur ou génitrice, dans une contradiction avec l'identité infantile antérieure caractérisée par la bisexualité psychique et la prégénitalité. La puberté oblige le moi à assumer une sexualité génitale. La véritable épreuve œdipienne a lieu a l'adolescence, plus que dans l'enfance, et l'échec dans cette épreuve peut induire un trouble psychique d'allure psychotique mais qui n'est pas la psychose (par exemple une jeune fille qui s'habille en garçon mais qui sait très bien qu'elle est une fille, exprime en fait sa peur de la sexualité et de persécuteurs externes). Cette conception de l'adolescence est aussi une théorie psychopathologique de l'adulte : « Toute psychopathologie adulte, au-delà de la névrose, comporte dans son histoire une "cassure" à la puberté » (Laufer). Le *breakdown* serait un mécanisme de défense spécifique à ajouter aux mécanismes de défense déjà connus : refoulement, déni, clivage, forclusion (négations d'un conflit ou d'une réalité insupportables). Le renforcement du moi devient l'objectif thérapeutique essentiel, la « cassure » étant de l'ordre de la désorganisation/régression dans le développement. Laufer préconise de véritables psychanalyses (avec trois ou quatre séances par semaine et cadre classique) pour les adolescents en crise grave, selon lui seules capables de leur faire réexpérimenter le traumatisme de haine de leur corps pubère : le transfert dans ces cures sera massif (à l'égal de l'affleurement préconscient explosif des désirs incestueux), ce qui suppose une attitude contenante, active et parfois éducationnelle du thérapeute.

La question de la normalité se pose alors, même si l'on récuse tout point de vue normatif. Confronté à l'inquiétude actuelle d'une anomalie et parfois au sentiment d'être « cassé », l'adolescent se représente un état futur idéal de lui-même. Le jugement du surmoi est ici féroce. Un processus d'adolescence normal intègre les désirs sexuels et les identifications œdipiennes dans une identité sexuelle irréversible, dans un parcours fait d'essais mais aussi d'erreurs, et aboutissant à un compromis entre le désiré et le permis (alliance du moi et du surmoi). Laufer associe la non-intégration psychique du pubertaire à une distorsion d'un « fantasme masturbatoire central » incluant à des scénarios érotiques des positions identificatoires (problématiques dès lors qu'elles assignent le sujet – surtout masculin – à une position passive). Le « fantasme masturbatoire central » met en scène des tentatives d'activité sexuelle menacées par la passivité et la castration. Il peut emprisonner dans une fascination pour l'imaginaire incestueux et archaïque, au prix d'une paralysie des réalisations effectives ; c'est alors l'impasse, l'inactivité spectaculaire, l'échec dans la vie amoureuse mais aussi dans les études et dans l'intégration sociale. Il faut distinguer ce fantasme (pathologique) de passivité et d'intoxication imaginaire de la masturbation, utile en ce qu'elle représente une expérimentation des pensées, sentiments et désirs acceptables par le surmoi (dans l'exclusion de ceux qui ne devront pas participer de l'organisation sexuelle définitive). Le moi adolescent a besoin d'avoir le sentiment de maîtriser la situation dans la recherche active d'objets d'amour ; la sexualité est ici inséparable des idéaux du moi et des identifications œdipiennes. Il se sent menacé par une pulsionnalité sauvage qui le tirerait vers des plaisirs prégénitaux infantiles dans la reddition à une image de mère archaïque qui rendrait passif. Laufer évoque des cas cliniques de garçons adolescents embourbés dans des fantasmes qui les ramènent invariablement à une position identificatoire masochiste caricaturale, exprimant en fait la quête d'une figure de père fort et étayant. L'alliance qu'il préconise entre une partie saine du moi de l'adolescent et un thérapeute volontaire et actif peut efficacement (et parfois rapidement) sortir un adolescent d'une « cassure », mais elle peut aussi parfois excessivement réprimer l'univers de la sexualité polymorphe infantile plutôt que de l'inclure dans la sexualité adulte (à la cassure succéderait en ce cas une normalité névrotique). Pour Laufer, le travail clinique avec l'adolescent garçon a pour fonction de mettre au premier plan les identifications au père œdipien. Il faut ajouter ici que l'accès de l'adolescent à la fonction du père symbolique passe par le truchement de la perception de la présence (psychique mais aussi corporelle) du thérapeute dans un échange interlocutoire actif et ludique.

Face à un tableau symptomatologique d'enfermement dans un imaginaire érotique morcelé, collé au corps de la mère archaïque, Laufer pense en termes de développement plutôt qu'en termes de début de schizophrénie. Cette audace diagnostique introduit en particulier à des prises en charge thérapeutiques de jeunes adultes (anciens adolescents n'ayant pas élaboré et surmonté un *breakdown*) en proie à une régression massive et recourant à une polysymptomatologie « cas limite » (passages à l'acte, addictions, troubles de l'identité et de la sexualité) pour tenter de colmater une angoisse dépressive ravageante (de se sentir châtré et cassé).

## IV. LE « SECOND PROCESSUS DE SÉPARATION-INDIVIDUATION »

P. Blos conceptualise le processus d'adolescence comme un second processus de séparation-individuation dans la ligne de pensée initiée par M. Malher. Celle-ci parlait de l'individuation du bébé se séparant de sa mère externe en l'internalisant comme représentation psychique interne. Selon P. Blos, à l'adolescence, le sujet devra se séparer de cette représentation interne et lui substituer de nouveaux objets d'investissement. La dyade mère/enfant est au centre de cette conception, alors que chez Laufer, le danger de régression à une non-séparation avec la représentation psychique interne de la mère est relié à l'échec de la résolution du complexe d'Œdipe. S'agit-il d'une simple répétition de la première séparation-individuation qui a lieu entre la naissance et trois ans ? Si tel est le cas, on comprendra les pathologies de la dépendance à l'adolescence comme résultantes de la résurgence de la relation primitive à la mère, mais Blos met aussi l'accent sur « des capacités et des ressources du moi entièrement nouvelles » dans une référence à l'ego-psychologie hartmanienne. Même s'il pense que l'exaltation du moi adolescent est un leurre, il semble souscrire quelque peu au narcissisme de la conquête initiatique grandiose de l'adolescent lui-même. L'échec à traverser le second processus de séparation-individuation pourrait se cacher paradoxalement derrière un rejet de la famille et de l'enfance et dans une fuite en avant vers des agirs pseudo-adultes (sexualité précoce, fugue, etc.) qui représentent certes des courts-circuits mais qui sont parfois aussi des occasions de subjectivation et de quête du père symbolique. Le tableau que fait Blos d'un arrêt du développement et d'une hypnose sur des équivalents d'objets infantiles archaïques, ressemble à celui que fait Laufer du *breakdown*, jusque dans une propension à dramatiser le trouble adolescent fréquent de l'humeur (morosité, exacerbation émotionnelle) et à juger de certaines modes « magiques » de pensée à l'adolescence d'un point de vue rationaliste. Comme A. Freud, E. Kestemberg et M. Laufer, Blos considère que la crise régressive comporte des potentialités de transformation (« il s'agit de reculer pour mieux sauter » en réexpérimentant des « états moïques abandonnés »), et qu'elle agit, au fond, comme un vaccin contre des risques ultérieurs d'envahissement psychotisant par le ça infantile.

Si la première phase de séparation-individuation a subi des accidents, alors la seconde phase répétera une régression menant vers le fonctionnement hallucinatoire et la perte du sens de la réalité plutôt que de s'en tenir à la régression normale dont l'activité onirique est le paradigme. Ceci éclaire l'appétence adolescente pour les vécus d'intensité sensorielle (quasi « autistiques ») par exemple dans les conduites à risques (*cf.* chap. 5, paragr. 4) comme lutte frénétique pour garder un contact avec la réalité. Dans le développement normal, le sujet fait l'expérience (virtuellement créatrice) de passages souples entre régression et progression, dès lors qu'il peut s'appuyer sur des parents qui tiennent bon sur leurs positions d'adultes stables.

## V. LA DISTINCTION ENTRE LE NORMAL ET LE PATHOLOGIQUE À L'ADOLESCENCE

Face aux troubles psychiques à l'adolescence, le clinicien hésite entre le Charybde de l'abstention thérapeutique (préconisée par exemple par Winnicott) et le Scylla d'une intervention trop intrusive et normative.

Il faut à ce sujet poser la question trop souvent éludée de la continuité ou de la non-continuité avec les troubles de l'enfance (en particulier avec les psychoses, autismes et dysharmonies d'évolution de l'enfance). À quelles conditions les difficultés présentes chez un enfant risquent-elles de le faire basculer vers la pathologie à l'adolescence ? Chez l'enfant, des signes discrets de dysfonctionnement, l'irruption non contrôlée de processus primaires, peuvent être signes avant-coureurs d'une rupture psychotique (et plus particulièrement schizophrénique) ultérieure. Si la clinique de l'enfant est prophylactique des décompensations psychotiques ultérieures, inversement la clinique de l'adolescent peut guérir certaines psychoses débutantes, si on sait en percevoir la dimension de mouvements infantiles incoercibles devant être liés par le processus d'adolescence (*cf.* chap. 4). Il faut ici, avec R. Diatkine, relativiser la notion de normalité : les signes avant-coureurs, chez l'enfant, d'une rupture psychotique à l'adolescence relèvent plus de défenses « pré-psychotiques » que d'une structure stable. Le diagnostic ne peut être ici que suspensif et évolutif. La phase infantile dite de latence prépare en fait l'adolescence, et même si on se représente un développement linéaire de l'enfance à l'adolescence, on peut considérer l'infantile et le travail psychique propres à l'adolescence comme pouvant se manifester à n'importe quel moment de l'existence faite de remaniements permanents. La rupture psychotique à l'adolescence entrave ce remaniement mais garde un caractère de réversibilité possible parce qu'elle est reliée à un contexte et n'a pas encore acquis une dimension structurale.

Des troubles psychiques à l'adolescence sont toujours apparus comme normaux (ou, en tous cas, inévitables). Ainsi, Aichorn dans *Jeunesse de l'abandon* (1925) considérait que la délinquance et la criminalité juvéniles pouvaient résulter d'un manque d'amour provenant de l'environnement, d'une fragilité des repères surmoïques et d'un échec du moi à contenir la pression pulsionnelle. A. Freud mettait l'accent sur la lutte du moi contre la pression pulsionnelle, pris en tenaille entre le danger de chaos s'il échoue dans cette lutte, et le danger d'inhibition s'il y réussit trop bien, de sorte que le moi se trouve alors parfois proche d'un « *mental breakdown* » (la notion de *breakdown* chez Laufer est dans la filiation de la pensée d'Anna Freud).

Si l'adulte se souvient de son adolescence, il en oublie cependant l'éprouvé fait d'affects intenses quoique labiles, oscillant entre les extrêmes (joie/morosité, amour/haine, passion/désintérêt, etc.). A. Freud décrivait déjà la polysymptomatologie adolescente (patchwork de défenses hystériques, obsessionnelles et cas limites) et proposait une comparaison du régime de l'humeur adolescente avec les états de deuil et de déception sentimentale : dans le travail de deuil, le sujet se trouve pris dans un investissement qui le rend peu disponible, de même dans le processus d'adolescence, le sujet se détachant de ses parents a du mal à investir un traitement thérapeutique. A. Freud considère l'ascétisme, l'intransigeance (« *uncompromissing* ») et l'intellectualisation (non pas l'intérêt pour l'activité de pensée mais la défense par une pensée plaquée impersonnelle) comme autant de distorsions pouvant, par retournement dialectique, ramener souvent assez vite vers un équilibre à condition que l'adolescent ait le temps de traverser ces fluctuations. Mais les exigences sociales d'aujourd'hui laissent-elles ce temps à l'adolescent ? L'attente familiale et sociale d'un développement rapide de l'adolescent ne risque-t-elle pas de renforcer sa résistance au changement en contrecarrant son besoin d'attente et de fantasme ? Si le choix se situe entre tout, tout de suite maintenant, et rien, la dépression, l'apragmatisme et l'inhibition intellectuelle, c'est-à-dire la pathologie du retrait narcissique (P. Jeammet), viendront signifier par un refus massif que le sujet éprouve sa situation comme traumatique.

Si une certaine « folie pubertaire » (*cf.* chap. 1, paragr. II) est normale à l'adolescence, il faudra cependant qu'elle puisse être refoulée, à défaut de quoi, selon F. Ladame et M. Perret-Catipovic, la fonctionnalité du préconscient échouera à maintenir la virtualité hallucinatoire loin de la perception, ce qui entraînera une perturbation profonde du rapport à la réalité et un vécu d'inquiétante étrangeté (l'*Unheimliche* évoqué par Freud). Les premières expériences sexuelles sont par excellence des moments où une telle perte du sens de la réalité peut se produire. L'approche thérapeutique visera de ce point de vue une « refonctionnalisation du préconscient », ce qui rejoint les techniques actives le plus souvent préconisées.

## VI. « PASSAGE » ADOLESCENT ET SUBJECTIVATION

Le passage adolescent à l'âge adulte, seuil exemplaire, éclaire la condition du sujet humain en général. Il s'agit, selon B. Penot, non seulement d'accéder à un statut d'adulte, mais aussi à une subjectivité à part entière. Le « jeune », avec ses référents imaginaires en crise (et parfois même perçus comme « pourris ») pose la question de ce que signifie être sujet d'une visée propre : si les références sociales et adultes sont dévaluées, la subjectivité se sentant à son tour atteinte réagit par un renforcement du creusement de sa singularité et par un rejet (« travail du négatif »).

Il est banal de constater le balancement entre provocation et conformité dans lequel se joue la quête d'une identité encore incertaine dans la rupture avec les systèmes de repérage de l'enfance sous la pression pubertaire. On souligne moins souvent la dimension de subjectivation critique et de dégagement d'un mode de désir propre (dont on ne retient que l'opposition à la conformité). Lorsque la subjectivation d'un mode de désir propre ne parvient pas à se dégager de la conformité et d'une identité de surface, il y a danger d'une symptomatologie psychotique soudaine où le sujet s'effondre, désarrimé de sa réalité extérieure sociofamiliale (*cf.* chap. 4). Le délire remplace alors, dit Penot, la conformité par des fragments non élaborés et non subjectivés de l'histoire familiale. Le non-pensé de l'histoire familiale s'actualise souvent dans des délires à l'adolescence (bouffées délirantes transitoires ou psychoses débutantes), ces délires pouvant être agis dans des comportements exacerbés et étranges (et se voir ainsi nosologiquement considérés comme des « pathologies de l'agir ») (*cf.* chap. 3, paragr. II). Paradoxalement, le caractère traumatique de la puberté dynamise le processus de subjectivation s'alimentant du rejet des objets infantiles d'investissement et d'une certaine destructivité : la négation, qui inflige aux objets d'investissement et à l'Autre parental un manque, fait exister le sujet, dans un sentiment certes de déception et de dépression, mais en même temps de force subjectale étayée sur les pulsions. L'inachèvement et l'immaturité exigent du sujet un passage initiatique où il meurt à une partie de lui-même, partie liée à la relation primitive à sa mère.

R. Cahn met l'accent sur la qualité narcissique nécessaire à la réussite d'un processus de subjectivation confronté à l'angoisse de castration. Car une crise banale peut traduire une faille narcissique (d'origine infantile) fondamentale. Une angoisse de néantisation vient alors fondre en un seul affect réalité subjective et objective. Le questionnement existentiel adolescent sur le néant est indistinct d'une angoisse pulsionnelle. Selon R. Cahn, la peur de l'abandon, à l'adolescence, doit être référée à une panique de dissolution de l'identité lorsque le sujet se sent menacé par l'excès de présence d'objets internes excitants et fusionnels : le processus de subjectivation est alors suspendu en un état limite se situant entre danger de décompensation psychotique franche et processus d'adolescence réussi. L'affirmation subjectale prend ici autant d'importance que le conflit entre le moi et les pulsions : l'« illumination », dont parlait Arthur Rimbaud, peut servir d'introduction à la fameuse phrase de Paul Nizan : « J'avais vingt ans. Je ne laisserai personne dire que c'est le plus bel âge de la vie. » Un état commun au retrait névrotique et à la rupture psychotique définit un certain style de subjectivation – l'inquiétante étrangeté qui répète inconsciemment le vécu symbiotique, primitif, avec la mère. Le « monde » phénoménologique du sujet tend alors à s'évanouir parce que représentations des objets et représentations des pulsions se dissocient à la mesure de la faille narcissique préexistante et de la fragilité des points de repères socio-symboliques (*cf.* chap. 5, paragr. V). L'angoisse de néantisation englobe, en l'incluant, l'angoisse de castration ; la néantisation concerne la question de parvenir à naître et à être plus que la question de la mort. Affirmer que l'on est rien est une façon d'exister, une forme de subjectivation où se mélangent le psychique et la perception du monde extérieur en un chaos introduisant initiatiquement à une intégration des pulsions au soi. Le désordre, le dérèglement des sens (A. Rimbaud) a deux destins : la chronicisation cas limites ou la reconstitution d'un espace transitionnel.

Les vœux, typiquement adolescents, d'aconflictualité et de paix narcissiques sont, dans ces problématiques, balayés par l'urgence de plonger dans des expériences permettant de tester la capacité anti-traumatique à supporter l'expression des pulsions. Ces vœux ne sont du reste qu'une défense non seulement contre le conflit avec la génération précédente, mais aussi contre les conflits propres de celle-ci, qui envahissent le sujet adolescent (s'identifiant par exemple avec l'objet inconscient du désir maternel en une aliénation au fantasme de l'Autre). Le complexe d'Œdipe des parents surdétermine celui de l'adolescent (*cf.* chap. 1, paragr. IV). D'objet qu'il était dans le désir inconscient de ses parents, il doit devenir sujet, et pour cela il doit pouvoir recourir efficacement à la fonction paternelle alors même que celle-ci est souvent disqualifiée, quoique non forclose : le « passage » adolescent se joue dans la quête de l'inscription première de la fonction paternelle sur fond d'« une privation essentielle, manque réel d'un objet symbolique » (J.-J. Rassial). Cette quête le mène au-delà de la référence paternelle vers le champ social et culturel. Il s'émancipe ainsi de ce qui, des générations précédentes, empiétait trop sur son espace psychique, même si tout sujet reste, comme le dit R. Kaës, « le maillon, le serviteur, le bénéficiaire et l'héritier de la chaîne intersubjective dont il procède ». Le processus d'adolescence correspond à une internalisation du réseau des Autres autant qu'à une émancipation. « Nous naissons au monde humain déjà membre d'un groupe lui-même emboîté et connecté à d'autres groupes, nous naissons au monde maillons, héritiers, serviteurs et bénéficiaires d'une chaîne de subjectivités qui nous précèdent et dont nous devenons les contemporains [...] Nous ne pouvons pas être à nous-mêmes notre propre fin, et advenir comme Je, sans cet inéluctable assujettissement à la chaîne de l'ensemble que le groupe primaire représente et qu'il médiatise, ni sans cet inévitable travail de dégagement et de recréation interne qui nous sépare de l'ensemble primaire ; le transit par d'autres groupes est nécessaire pour que soit inventée l'issue du complexe d'Œdipe » (R. Kaës). C'est à la fois un rapport d'homologie et d'écart qui régit le passage du groupe primaire familial aux groupes secondaires (vie sociale et vie privée) du jeune adulte. Ce passage est menacé par la tentation de régression vers un mode de vie collective caractérisé par la confusion et l'interpénétration entre les sujets et une division du psychisme entre tendances centrifuges. Le moi est alors envahi par les mouvements psychiques des membres de sa famille, immobilisé dans une groupalité originaire traumatique, au bord de l'inceste au sens d'un mode de communication saturé d'emprise réciproque de tous sur tous (ce qui peut justifier une approche clinique par la thérapie familiale, parfois condition préalable d'un cheminement individuel). La révolte contre l'assujettissement à la réalité groupale bute sur l'illusion d'une autonomie absolue, puis accède à la connaissance du parcours qui mène de la groupalité originaire traumatique au groupe familial primaire plus structuré, puis aux groupes secondaires dans lesquels le sujet s'assigne, à lui-même et aux autres, des lieux déterminés.

Les psychothérapies d'adolescents portent souvent sur le nœud intersubjectif (et intergénérationnel) constitutif de leur symptôme, dans la mesure où les adolescents se font volontiers les porte-symptômes des autres dans un pacte inconscient qu'il s'agira d'analyser (et il faudra éviter que le dispositif thérapeutique reproduise des pactes aliénants). Si l'enfant est le receveur privilégié du mal refoulé de l'inconscient maternel, l'adolescent, pour sa part, fait coexister en lui un espace psychique individuel avec des inclusions provenant d'autres appareils psychiques, en éprouvant ces inclusions comme des corps étrangers.

# Chapitre 3

# Les pathologies ni névrotiques ni psychotiques

## I. ADOLESCENCE ET CAS LIMITE

### 1. Nosologie

Les adultes « cas limites » peuvent être décrits comme des « adolescents attardés », mais il s'agit plus que d'une ressemblance dès lors que la prégnance de l'angoisse, l'importance de la dépression, la prévalence du passage à l'acte, la fréquence des tentatives de suicide et des conduits toxicomaniaques sont imputées à un trouble commun situé entre processus d'adolescence réussi et psychose. L'état limite de l'adulte s'inscrit dans la continuité des avatars et de l'échec de l'élaboration et de la résolution du complexe d'Œdipe à l'adolescence.

La fréquence de l'agir, des conduites marginales et délinquantes, des difficultés scolaires, des manifestations centrées sur le corps, du sentiment de vide et de morosité, la massivité de la projection (de ce qui est mauvais sur l'extérieur), de l'idéalisation à l'inverse d'un bon objet protecteur, du déni (du conflit) et enfin la fragilité d'une identité flottante autorisent à parler d'états limites de l'adolescence, plus exactement de pathologies ni névrotiques ni psychotiques, tant leur champ symptomatologique est extensif et parce que l'évolution demeure très ouverte. On a parfois cherché à spécifier (J.-F. Masterson) les états limites à l'adolescence comme résultant d'un échec de la « seconde phase du processus de séparation-individuation » (*cf.* chap. 2, paragr. IV) lorsque la mère le refuse, ce qui mène à une réaction dépressive. Un tel point de vue évacue à bon compte la problématique pulsionnelle et œdipienne, que la symptomatologie du cas limite cherche précisément à éviter en la déniant, mais il détermine une efficience de la dynamique thérapeutique (en particulier en cas d'hospitalisation) : à une période d'évaluation succède un temps nécessaire d'élaboration où la dépression commence à être reconnue, puis la séparation lors de la sortie de l'institution (ces trois moments peuvent être pensés comme ceux d'un équivalent de rituel d'initiation). Il faut ici clairement différencier le niveau du symptôme de celui de la structuration psychique. Il n'y a pas grand intérêt par exemple à opposer psychopathie et état limite, il peut s'agir du même sujet perçu sous deux angles différents.

- **L'approche psychiatrique et le diagnostic psychologique**

La récente « classification française des troubles mentaux de l'enfant et de l'adolescent » se distingue du DSM (nosologie psychiatrique officielle internationale) en ce qu'elle spécifie mieux les « troubles névrotiques » (qui tendent à disparaître dans le DSM). On y lit en filigrane une tripartition entre psychoses, névroses et pathologies ni névrotiques ni psychotiques, même si ces dernières sont ventilées sur des catégories hétérogènes. À côté des « pathologies de la personnalité (hors névroses et psychoses) » des « troubles réactionnels », se trouvent, par exemple, les « troubles liés à l'usage de drogues et d'alcool » ainsi que les « troubles à expression somatique et/ou comportementale », c'est-à-dire des ensembles plus cliniques que structuraux et dont n'apparaît pas clairement la relation avec la personnalité ni névrotique ni psychotique. Ceci peut sans doute s'expliquer par la nécessité de différencier le niveau structural du niveau symptomatique souvent transnosographique (en effet, les « troubles liés à l'usage de drogues et d'alcool » ainsi que les « troubles à expression somatique et/ou comportementale » concernent aussi les organisations névrotiques et psychotiques même s'ils représentent la logique de l'organisation ni névrotique ni psychotique). Le diagnostic psychologique de structuration cas limite de la personnalité à l'adolescence peut être étayé par des passations de tests projectifs (TAT et Rorschach). Le TAT est un test qui sollicite la mise en récit à partir d'images représentant des situations relationnelles ; le Rorschach sollicite, quant à lui, des couches plus profondes de l'inconscient en soumettant le traitement de formes plutôt que d'images représentatives. C. Chabert a développé une technique de passation et d'interprétation du Rorschach portant sur la délimitation dedans/dehors. Celle-ci permet de mieux cerner d'éventuels troubles des limites, la détérioration de l'image de soi et la massivité de la défense par la projection à l'adolescence.

- **États limites de l'enfance et pathologies de l'adolescence**

L'opposition faite par A. Green entre le registre du psychotique et celui de l'archaïque éclaire ces troubles psychiques de l'adolescence où sont prégnants le déni, la projection, le retournement contre soi et en son contraire, ainsi que le clivage. Les notions de dysharmonie évolutive et d'états limites de l'enfance que l'on doit à R. Misès permettent de resituer certains aspects de la psychopathologie de l'adolescence (en particulier le conflit entre dépendance et autonomie) dans une évolution à long terme. En effet, si les défauts d'étayage liés à une carence de l'environnement sont la règle dans les états limites et les dysharmonies évolutives de l'enfant, celui-ci réussit néanmoins à mettre en œuvre des capacités réelles, ce que l'on retrouvera dans l'efficacité des défenses narcissiques de cet enfant devenu un adolescent dont le moi idéal reste au service de la toute-puissance infantile. Misès évoque « la pensée du rêve dans l'instant fugace du réveil où elle n'a pas encore été mise en langage » pour caractériser un type de disjonction avec la réalité distinct de la rupture psychotique où l'on reconnaîtra aussi bien l'enfant que l'adolescent partis « ailleurs ».

Les études sur l'enfance des jeunes adultes psychopathes ou cas limites révèlent les carences de l'environnement, mais celles-ci peuvent mener vers un autre risque évolutif, celui de la déficience intellectuelle. À l'adolescence se joue l'orientation, soit vers une réintégration favorable des capacités cognitives, soit vers une cristallisation aggravante, ceci en fonction de la qualité des relations objectales et de l'efficacité du clivage qui maintient en secteur isolé certaines capacités d'adaptation. Dans les évolutions déficitaires, l'adolescent semble confronté à un obstacle et sa pensée se focalise sur une sphère limitée de réalisation. P. Jeammet et N. Guedeney ont montré que les dysharmonies évolutives et les états limites de l'enfance évoluent rarement vers des manifestations psychotiques franches à l'adolescence (en particulier la schizophrénie), alors qu'au contraire, les décompensations psychotiques à l'adolescence concernent des enfants qui ont été apparemment « sages » et sans problèmes. C'est de dépression, de dépendance, de trouble de l'identité dont il est alors question.

S'il existe une continuité entre les dysharmonies évolutives et les états limites de l'enfance et les pathologies ni névrotiques ni psychotiques de l'adolescence, il faut cependant considérer que les impasses brutales du développement (par exemple le *breakdown* selon Laufer) peuvent survenir après une enfance sans distorsions.

## 2. Identité et identifications

> On peut en effet postuler que les adolescents se considèrent du fait qu'on les considère [...] Identité et identification sont alors pratiquement un seul et même mouvement. On retrouvera dans l'adolescence, à la faveur du remaniement biologique et avec une acuité particulière, cette constante communication anxieuse entre l'autre et soi-même, entre l'identification et l'identité.
>
> E. Kestemberg, « L'identité et l'identification chez les adolescents », *Psychiatrie de l'enfant*, 5-2, V, 1962.

Une telle confusion entre identifications et sentiment d'identité définit la pathologie adolescente comme tout à la fois hystérique (le regard d'autrui garantit l'être du sujet), narcissique (l'image identificatoire indissociable du double en miroir) et limite (si l'identité tend à se fondre dans le mouvement identificatoire, elle s'évanouit et renaît sans cesse). Ici le trouble cas limite semble résulter de l'effondrement d'identifications hystériques trop superficielles et décalées par rapport à la subjectivité. L'adolescent ressent comme fausses les identifications nouvelles qui se présentent à lui, il renforce une subjectivité se voulant irréductible à quelque identification que ce soit, ou bien il exhibe les traits outranciers et caricaturaux de l'adolescent révolté et marginal pour protéger son unicité et sa singularité. La tension entre sentiment d'identité subjective et identifications secondaires peut parfois remettre en cause le socle de l'identification primaire (à la fonction paternelle ainsi qu'à l'étayage maternel) si celle-ci s'est mal constituée. Le plus souvent, cette tension entraîne un rejet du corps sexué et un mouvement régressif, ou bien produit une néo-identité centrée sur la pathologie, les symptômes procurant une sensation de consistance nouvelle différente de celle de l'enfance, dans un registre fétichique. Tous les cliniciens soulignent la soif de contact des adolescents qu'ils suivent, mais aussi leur promptitude à se fermer et à rompre. La quête adolescente de modèles identificatoires impose à l'interlocuteur adulte d'incarner un idéal, ce qui l'immobilise dans un rôle (de « père » par exemple). La rencontre avec l'adolescent doit savoir éviter cet écueil mais ne pas craindre non plus l'engagement personnel véritable, dans la mesure où le transfert, à l'adolescence, est au moins autant la possibilité actuelle d'une relation que la répétition des modes relationnels préexistants, dans un sentiment de découverte de l'autre et de la subjectivité propre. La rencontre entre l'adolescent et le psychothérapeute invente quelque chose qui n'a pas encore eu lieu (d'où la tentation de chercher à fournir à l'adolescent des modèles identificatoires au lieu d'accompagner son processus de subjectivation).

## 3. Narcissisme et dépression

L'adolescent vit souvent le déroulement temporel comme la preuve d'une séparation originaire dans la nostalgie d'une enfance idéale paradisiaque ; cette nostalgie induit la tentation de la régression. Il voudra alors nier la problématique œdipienne. Mais la capacité génitale pubertaire lui promet aussi l'accomplissement du vœu de complémentarité avec l'autre sexe, d'où un sentiment de triomphe. Le détachement avec les premiers objets d'investissement se poursuivant toute la vie, l'adolescence est un processus distinct d'un âge de la vie. Tel Hamlet dans la vision qu'en a Mallarmé, l'adolescent est « le seigneur latent qui ne peut devenir ». La massivité de la question identificatoire peut tourner, au-delà de l'hystérie, à la folie de l'ascétisme, de la tentative de suicide et de l'errance. L'Œdipe de Sophocle vit longtemps avant de mourir, Narcisse se précipite vers la mort pour s'immortaliser en un court-circuit qui abolit le vide lié au temps et croit lui substituer une plénitude pulsionnelle. Au contraire, la dépression ordinaire de l'adolescence, la « morosité » (P. Mâle, P. Gutton), constituent un sujet en proie au manque. Le rejet des adultes et de leurs institutions sociales est conscience de leurs inadéquations au symbolique qui les soutient pourtant. La mise en cause du père dans sa fonction jugée défaillante, entre quête d'un interlocuteur qui tienne et nihilisme rejetant la culture, masque un mouvement dépressif difficile à reconnaître, à élaborer et à surmonter. Montrer à l'adolescent sa dépression n'est du reste pas souhaitable, il est préférable d'instaurer avec lui une relation active de style contra-dépressif : il est trop convaincu que l'existence n'est qu'« être pour la mort » pour que l'on abonde dans le sens de son pathos, qu'il croit souvent « philosophique ».

Jeammet et Marcelli considèrent la difficulté à élaborer la « position dépressive » (notion issue de la pensée de M. Klein) comme centrale à l'adolescence. En effet selon eux, le mouvement dépressif ainsi que l'impossibilité de le reconnaître résulteraient d'une trop grande proximité psychique avec les objets internes archaïques maternels inconscients, la figure paternelle s'en différenciant insuffisamment. Le repli narcissique instaure un minimum d'autonomie dans le déni de la dépression, mais ne permet pas au désir de s'épanouir (par exemple une fille confrontée à une mère dépressive peu contenante et disqualifiante du féminin, retrouvera dans le désir des hommes cette dépréciation en un vécu hystérique renvoyant en fait au manque d'amour de la mère pour le corps de l'enfant).

## 4. Adolescence et cas limite

Dans un contexte de résurgence de l'archaïque et de séparation difficile avec les objets infantiles d'investissement, il y a danger de désengagement par rapport aux pulsions et de « déliaison subjectale » (A. Green). Le tableau clinique est alors le suivant :

– une dissociation entre un investissement de surface maintenu et un désengagement de fond (« c'est l'engagement à l'objet en passant par la pulsion qui se défait » écrit A. Green à propos des cas limites adultes en une théorisation qui éclaire certains aspects des troubles psychiques à l'adolescence) ;

– une attitude mégalomaniaque de toute-puissance imaginaire ;

– la dénonciation de ce que la réalité est inadéquate aux désirs alors qu'en fait c'est le sujet qui se désengage à la mesure de la déception de ses idéaux ;

– un mode relationnel tout à la fois persécutif et excitant où le sujet tend à se situer en victime d'un tyran dans la dépendance et la passivité (alors que son désir serait en fait d'asservir l'objet) ;

– des impulsions dirigées vers des objets et des situations peu investies, de sorte qu'on assiste à une dissociation entre les représentations d'objets et les représentations des pulsions, ce qui entraîne une crise du sens puisque celui-ci se tisse précisément entre ces deux types de représentations (ce tissage produit l'évidence phénoménologique du « monde » du sujet) ;

– enfin, une blessure narcissique réactualisée à propos de tout et de rien, dans la hantise de la rencontre avec autrui par crainte de l'explosion pulsionnelle qui pourrait en résulter.

La symptomatologie adolescente présente des traits tout à la fois hystériques et cas limites : traits hystériques de la résurgence pubertaire du complexe d'Œdipe infantile (*cf.* chap. 1, paragr. I et II) et en particulier de sa phallicité, traits cas limites de confusion entre le dedans et le dehors ainsi qu'entre la sauvegarde du narcissisme et le besoin d'autrui dans la crainte de la dépendance. Ce qui est commun aux traits hystériques et cas limites, c'est la blessure du narcissisme cherchant à se fermer aux effractions, ce qui définit une problématique traumatique qui dérive en masochisme, puisque le masochisme relève à la fois du clivage post-traumatique (identification à l'agresseur) et de la sexualisation du narcissisme négatif. Un « maso-narcissisme » résume cette intersection des ensembles « hystérie » et « cas limites » dans un vécu dépressif et parfois hypocondriaque où le langage semble perdre sa capacité de liaison et de symbolisation, où ne s'élabore pas une véritable position dépressive et où se fige le développement œdipien.

Ceci se voit renforcé par des phénomènes de déliaison sociale et culturelle (la « mélancolisation du lien social » selon M. Cadoret et O. Douville) qui diminuent la cohérence et l'attrait des objets possibles d'investissement. De sorte que souvent l'adolescent s'enferre dans un discours qui impute toutes ses difficultés au monde extérieur, alors même qu'il souffre de ne pas parvenir à inscrire son individualité dans le champ d'une histoire sociale qui le dépasse et l'englobe. Les défauts de l'environnement familial, social et culturel (un lien social fragilisé) que connaît l'adolescent ne sont pas moins traumatiques que les carences ou les excès de l'environnement de son enfance. Ils entraînent des atteintes de la capacité de dialogue (c'est-à-dire de la capacité de la parole à disposer de sa langue) et parfois même des atteintes de l'activité de pensée. L'adolescent qui accuse le contexte socioculturel de l'asphyxier et de souhaiter l'état d'insatisfaction dont il se plaint, donne l'impression que sa plainte lui permet de prendre une pose esthétique (celle de la victime se sacrifiant), de sorte que l'on ne sait plus ce qu'il faut attribuer au seul individu et ce qu'il faut attribuer à son environnement (*cf.* chap. 5, paragr. III et IV).

R. Cahn définit les cas limites comme situés entre le processus d'adolescence réussi et l'échec de celui-ci que signe la rupture psychotique. Ceci va au-delà de la proximité phénoménologique entre les adultes cas limites et certaines pathologies adolescentes. Il s'agit d'un point de vue génétique puisque l'adolescent cas limite y est dit en panne de développement, mais aussi d'un point de vue structural où se joue le rapport à la fonction paternelle tierce. L'adolescent « cas limite » teste les représentants de la fonction paternelle, les défie, parce qu'à ses yeux ils sont disqualifiés (ce qui peut mener par exemple certains enfants d'enseignants ou de médecins à rater l'accès au savoir du père). La question centrale est ici celle du manque d'un objet symbolique (J.-J. Rassial) : l'autorité n'est pas reconnue mais d'un autre côté elle est ressentie comme tyrannique. B. Gibello souligne l'incapacité à imaginer une continuité de l'action (dyspraxie), une continuité temporelle des objets (dyschronie) et une difficulté à se représenter une continuité du sens (dysgnosie).

Le réel des agirs vient alors pallier les déficits symboliques et compenser la dépression sous-jacente.

L'enjeu est ici le processus de subjectivation (*cf.* chap. 2, paragr. VI) avec toute sa dimension existentielle, dans la difficulté à faire accepter un projet thérapeutique à des adolescents qui ne peuvent que le refuser du fait de la nature même de leur trouble. Il faut chercher à accompagner l'affirmation adolescente de soi pour prévenir la mise en place de défenses difficilement réversibles en continuité avec une conflictualité infantile demeurée plus ou moins masquée. La question diagnostique des cas limites à l'adolescence est aussi celle du processus qui mène vers la psychose franche. Il y a, selon R. Cahn, des états communs au repli narcissique et à la rupture psychotique avec la réalité, caractérisés par un vécu d'« inquiétante étrangeté » et de sidération face à la nouveauté (qui reproduisent un vécu originaire symbiotique avec la mère). Dans un tel vécu, l'angoisse de castration est indistincte d'une angoisse de néantisation. Une certaine continuité, à l'adolescence, entre organisations névrotique et psychotique de la personnalité, légitime la définition des cas limites comme intermédiaires entre processus d'adolescence et psychose. Le complexe d'Œdipe est bien au centre de la problématique mais l'axe en est la dépression. Le rapport à la réalité est sauvegardé mais sur le mode d'une perception confuse et souvent très projective. Le jeu des forces en présence dans le mouvement temporel décidera de l'issue : il y a des changements spontanés fréquents au sein des pathologies adolescentes sévères.

À côté des pathologies de l'agir et des addictions, le recours à des aménagements pervers n'est pas rare, l'adolescent magnifiant sur un mode fétichique des équivalents du bouclier protecteur maternel qui n'a précisément pas rempli son rôle. Ainsi, dans le caractère exploratoire de leurs expériences amoureuses mais aussi psychopathologiques, de nombreuses adolescentes cherchent à se rapprocher d'un corps maternel imaginaire pour s'en approprier le féminin.

Dans tous les cas, les relations avec l'entourage sont essentielles. L'approche thérapeutique doit viser « la constitution d'un cadre contenant pare-excitation, garant d'une suffisante continuité, se référant à une loi d'essence paternelle et susceptible de proposer un espace transitionnel, une aire de jeu, au sein duquel puisse éventuellement s'opérer une sorte de symbolisation primaire, à l'abri de tout ce qui, de près ou de loin, pourrait évoquer une emprise ou une violence de l'objet » (R. Cahn).

## II. DÉPENDANCE, PATHOLOGIES DE L'AGIR ET VIOLENCE

### 1. Dépendance et autonomie

Selon Winnicott, l'autonomie ne devient possible à l'adolescence que si le sujet a fait l'expérience, lors de son enfance, d'un environnement suffisamment bon et fiable. L'immaturité à l'adolescence continue celle de la petite enfance, l'arrêt du développement résulte d'une insécurité vécue dans l'enfance. « Les problèmes qui se dessinent à la puberté sont identiques à ceux des premiers stades de la vie » (Winnicott), à cette différence importante près que grandir signifie tuer symboliquement le parent pour prendre sa place : « Si l'enfant doit devenir adulte, ce passage s'accomplira alors sur le corps mort de l'adulte. » Les parents doivent résister et refuser d'abdiquer s'ils veulent protéger leur enfant d'une maturité précoce et fausse, d'un engouffrement dans un sentiment de toute-puissance sans limite et d'une culpabilité pouvant susciter des mouvements autodestructeurs. On a souvent reproché à Winnicott sa phrase : « Il n'y a qu'un traitement, l'écoulement du temps » parce qu'elle peut amener à sous-estimer la gravité d'un trouble et à ne pas y faire face, mais elle éclaire cependant les potentialités de résorption dynamique spontanée.

P. Jeammet analyse le conflit entre dépendance et autonomie à l'adolescence comme une résurgence de l'expérience infantile d'objets externes sécurisants ou insécurisants (Winnicott), dans une problématique assez proche de celle du processus d'individuation-séparation (Blos), quoique distincte. Si tout se prépare dans l'enfance, tout se joue à l'adolescence, avait coutume de dire E. Kestemberg. L'adolescence réorganise l'infantile mais révèle aussi, dit P. Jeammet, ce qui subsiste de dépendance aux personnes clés de l'environnement ; ce qui peut susciter des conflits et des réponses qui seront autant de tentatives d'aménager une dépendance ressentie comme insupportable au regard d'une autonomie naissante. Les deux axes, d'une part du pulsionnel et de l'objectal (qui font chercher la relation et l'investissement), d'autre part de l'autonomie narcissique et du sentiment d'identité, risquent d'entrer en contradiction parce qu'à l'adolescence, l'intensité de chacun de ces courants, dit P. Jeammet, contribue à conflictualiser l'autre. L'antagonisme entre soif d'autrui et sauvegarde défensive de l'intégrité narcissique, l'écart entre l'ampleur des désirs et des attentes à l'égard des objets externes et la fragilité du monde intérieur, expliquent les alternances entre emballements et coups de foudre d'une part et fugues et retraits de l'autre. Le paradoxe est ici celui d'une certaine désexualisation qui succède à la puberté, l'émergence pulsionnelle pubertaire ne donnant par exemple que rarement lieu à des engagements amoureux durables, mais plus souvent à des expériences dans lesquelles le besoin de l'autre est dénié.

Toute dysrégulation dans les relations précoces mère-enfant et dans la réponse maternelle aux besoins de l'enfant donnera lieu à une détresse spécifique lors de l'adolescence. L'anorexie mentale de l'adolescence est une réponse, de ce point de vue, à une méconnaissance par la mère des besoins alimentaires réels et plus généralement corporels de sa fille (*cf.* chap. 3, paragr. III). Winnicott distingue l'enfant qui n'a jamais été tenu dans ses bras par sa mère, celui qui a été bien tenu et enfin celui qui a été tenu puis lâché tout à coup, pour introduire la différence entre destins psychotique, normal et cas limite. Tout un pan des troubles psychiques de l'adolescence correspond au devenir du troisième de ces cas de figure où l'enfant, quoique dans la détresse, sait faire appel à sa mère. L'exacerbation des comportements d'opposition et de rejet (traduisant au fond un besoin éperdu de l'objet et une angoisse d'abandon) serait précurseur d'un état limite de l'adulte caractérisé par une carence permanente consécutive au défaut de l'environnement précoce (la mère s'est absentée pendant un certain temps après lequel la capacité de l'enfant à symboliser et à supporter son absence, selon Winnicott, a été détruite). Une mère « suffisamment bonne » permet à l'enfant d'expérimenter son autonomie tout en lui procurant sécurité et sentiment de continuité : l'enfant accède alors au plaisir d'un auto-érotisme élargi à son sentiment d'existence. Il sera plus tard un adolescent capable d'intégrer les transformations pulsionnelles de la puberté parce qu'il a déjà intériorisé un système pare-excitations rendant tolérables les émergences pulsionnelles. Les traumatismes précoces, par défaut ou par excès de présence des objets, jettent les bases d'un antagonisme entre le sujet et ses objets d'investissement, dont le destin extrême sera le désinvestissement propre à la psychose.

Les comportements d'opposition peuvent être vus comme la variante élémentaire de toute une gamme d'aménagements de cette dépendance. C'est au travers des troubles du comportement et des pathologies de l'agir que s'expriment de la façon la plus manifeste les conséquences du refus de la dépendance par l'adolescent, jusque dans les tableaux cliniques de négation de tout désir qui lui permettent « de s'affirmer en une identité négative qui ne devrait rien à l'objet ». P. Jeammet nomme ces comportements « conduites d'auto-sabotage » ; elles s'auto-renforcent selon une logique de la répétition, si l'adolescent y trouve de quoi conforter provisoirement un sentiment d'identité et de maîtrise.

L'évolution socioculturelle a pu jouer en ce sens : l'affaiblissement des interdits et des barrières intergénérationnelles, la perte du consensus sur les règles éducatives, un nouveau malaise dans la civilisation peuvent laisser à penser que les limites sont posées arbitrairement en fonction du désir de chacun, ce qui fragilise les repères identificatoires symboliques et parfois même les dilue dans une confusion imaginaire. Celle-ci se voit renforcée par la consommation médiatique et la « société du spectacle », qui donnent pour équivalents l'acte et le fantasme.

## 2. Les pathologies de l'agir

L'irruption pubertaire, parfois ressentie comme un véritable traumatisme, suscite une montée d'angoisse et un remaniement de l'équilibre entre les pulsions et les défenses, ainsi qu'une peur de la passivité renvoyant à la soumission infantile et aux tendances homosexuelles. Pour nier l'angoisse et la passivité, l'adolescent se sert alors de l'action.

Nous assistons actuellement au développement de conduites agies diverses (comportements agressifs violents, addictions, conduites autodestructrices et suicidaires) et d'un désengagement de fond. Le tableau symptomatologique évoque les cas limites ou les troubles psychopathiques, mais il a un sens spécifiquement adolescent de rupture avec le mode de vie précédent et d'opposition à l'environnement familial et social. Le suicide est en voie de devenir la première cause de mort des adolescents et il l'est certainement si l'on comptabilise les accidents qui résultent de conduites à risques et les décès pour cause d'anorexie et de toxicomanie. Les nouvelles pathologies adolescentes se caractérisent par le retrait, la passivité, le désinvestissement et l'autodestruction, et vont à l'opposé de l'idée toute faite du caractère bruyant et positif de la crise d'adolescence. Il s'agit des différentes formes de toxicomanie, des troubles des conduites alimentaires (anorexie et boulimie), du suicide, de la restriction vitale pouvant éventuellement passer aux yeux de l'entourage pour une morosité sans gravité. P. Jeammet souligne l'incidence d'événements jouant le rôle de facteurs déclenchants tels un examen scolaire, un conflit entre les parents, un échec dans une première expérience sexuelle ou dans un premier investissement amoureux. À l'adolescence, une cause minime peut provoquer une grave conséquence car l'équilibre narcissique et l'image de soi sont fragiles. La difficulté, l'obstacle provoquent une angoisse de castration massive et un sentiment d'incomplétude aigu ; l'adolescent abandonne alors ses intérêts habituels, sa scolarité, ses liens amicaux, s'enferme dans sa chambre pour fumer et écouter sans cesse la même musique, dans une dépression qui n'est pas reconnue comme telle. Les parents cherchent le plus souvent à s'adapter et adoptent une attitude attentiste pour éviter le conflit et préserver un idéal de satisfaction mutuelle avec leur enfant qui en fait va très mal. Ainsi voit-on des parents aller d'un psychiatre à l'autre, démunis face à des pathologies qui font irruption de façon incompréhensible, et ayant des difficultés à s'appuyer l'un sur l'autre de façon que l'un intervienne en tiers capable d'énoncer une décision ou un commentaire responsable dans la relation avec l'adolescent. Ces parents tendent à se vivre comme de mauvais parents, ce qui peut en mener certains à des effondrement narcissiques révélateurs d'une dépression restée jusqu'alors latente.

Les pathologies de l'agir incluent les addictions et les conduites suicidaires ainsi que les fugues et errances, les comportements violents et les vols. Un simple voyage, c'est déjà un départ qui ritualise l'éloignement des parents alors que la fugue plus impulsive tend à mettre entre parenthèses, hors lieu et hors temps, une tranche de vie (en France, trente mille fugues d'adolescents sont déclarées par an mais on les estime à en fait à cent mille). Ce qui est fuit, c'est une tension interne ; ce qui est trouvé, c'est une inflation grandiose du sentiment d'exister et d'être un sujet. Les vols représentent la conduite délinquante la plus fréquente, surtout le vol de véhicule et le vol dans les grandes surfaces. Le vol de véhicule, vol souvent vécu comme un « emprunt », comporte une dimension de prise de risque initiatique. La violence contre les biens frappe l'opinion publique par l'aspect « gratuit » de destruction délibérée, sa forme minimale étant la crise de violence dans l'appartement familial où brusquement, à la suite d'un différend, l'adolescent casse le mobilier. Ce type de comportement est interprétable comme une attaque contre les parents, et celui-ci est sans doute utile si l'on considère que cette agressivité pourrait se retourner en geste suicidaire, et qu'il est la résultante de la difficulté qu'ont les parents et leur adolescent à se séparer.

Les comportements violents à l'adolescence relèvent, selon Aichorn et Freud, du paradoxe d'un surmoi à la fois trop faible et trop contraignant, dans une confusion entre le surmoi paternel et l'autorité sociale. Les démêlées actuelles de la justice avec les parents de jeunes adolescents prédélinquants montrent que ces derniers, alors qu'ils ont abandonné leur tâche éducative, supportent mal les admonestations faites par des juges qui, croient-ils, se substituent abusivement à leur propre autorité. La réponse doit pourtant être institutionnelle pour que soit refondé le projet d'une adéquation possible avec les idéaux. Mais voilà, les adolescents acceptent de moins en moins d'attendre et dénoncent, dans une « tendance antisociale » (Winnicott) où le groupe entraîne l'individu, la jouissance qu'on leur promet en échange de leur respect des interdits comme insuffisante. La question devient politique : comment instituer des opérateurs culturels et dialogiques susceptibles d'être reconnus par ces adolescents comme porteurs d'une métaphorisation de la fonction paternelle au-delà de la famille dans le lien social ? La violence exprime une culpabilité inconsciente préalable et projette sur l'entourage ce que le psychisme ne parvient pas à traiter, à quoi s'ajoute la rage de se sentir dépendant du besoin que l'on a de l'autre (et que l'on rejette pour cette raison). Face à la violence et au rejet haineux, on peut deviner des sentiments plus positifs déniés et la souffrance d'un sujet qui essaie de faire subir aux autres ce que lui-même endure. La violence recherche l'objet et autrui à sa façon ; le coup donné, par exemple, témoigne d'un rapproché relationnel (il faut ici distinguer l'agressivité qui a besoin de l'objet d'une destructivité plus radicale). On peut certes expliquer les comportements violents à l'adolescence par des carences relationnelles précoces, mais aussi par la force énigmatique de la pulsion de mort, ce dont la culpabilité à dépasser les parents ou le rejet de la dépendance envers autrui ne rend pas totalement compte.

## 3. Violence et pulsion de mort

Nous utilisons aujourd'hui plus volontiers la notion de destructivité que celle de pulsion de mort. Pourtant celle-ci rend sensible à ce qui demeure inexpliqué (et peut-être inexplicable) des phénomènes de destruction que l'on rencontre en psychopathologie et massivement dans le champ historique et social. Associer le terme de « pulsion » à la mort met l'accent sur un mixte Éros/Thanatos, illustré par exemple dans ce type de violence qui hésite entre destruction totale et issue plus positive en conflit revendicateur, ou en parcours initiatique parsemé de risques. De ce point de vue, la « pulsion de mort » correspondrait à un mouvement vers un degré zéro de tension vitale qui pourrait paradoxalement ouvrir à un équilibre moins craintif envers les logiques de l'excès. Lorsque la pulsion de mort se voit tempérée en haine pour l'objet, c'est la haine qui garantit la consistance de l'objet et qui sauvegarde la continuité de la relation ! Au contraire, dans les pathologies de l'autodestruction, le sujet demeure prisonnier d'un imaginaire sadomasochiste qui ne parvient pas à soutenir la consistance symbolique de l'objet et de l'interlocuteur.

Freud, après avoir pensé le masochisme comme un renversement névrotique du sadisme, a conçu la notion de « masochisme originaire » comme le mélange, dans la douleur, de l'intensité sensorielle et de l'excitation sexuelle, qu'il rapprocha de son hypothèse d'une pulsion de mort silencieuse agissant contre les forces de l'amour et de la civilisation. Dans la douleur, le masochisme correspond à une capacité d'endurance sans effondrement, ce qui comporte une dimension de triomphe sur le danger dépressif. On peut comprendre certaines conduites autodestructrices comme des tentatives d'acquérir une capacité d'endurance. Dans certains cas même, les conduites apparemment autodestructrices relèvent d'une dialectique entre un sacrifice et un gain espéré, selon une logique du don auquel succéderait un contre-don (décrite à propos de certains rituels par l'anthropologie sociale, *cf.* M. Mauss par exemple). Avec certains sujets, on a l'impression par exemple d'assister à une offrande sacrificielle visant à réparer un parent narcissiquement abîmé, dans l'espérance qu'à la désorganisation succédera une réorganisation. De ce point de vue, une certaine violence psychique peut concourir à un progrès.

Dans les errances adolescentes et leurs dérives régressives, la pulsion sexuelle semble épouser la pulsion de mort dans une pulsionnalité anarchiste qui se dirige vers des rencontres de hasard ou vers des formes esthétiques (ainsi l'engouffrement dans les imaginaires de la littérature et de l'art peut-il représenter le pulsionnel par sa dimension passionnelle tout en consacrant à l'ascétisme). Un certain vécu traumatique peut favoriser le processus de subjectivation, entre désir de disparaître et désir de se dilater, tentation contradictoire où pour se sentir être, il faudrait être tout, être le tout. L'errance adolescente s'éloigne du sens pour mieux s'en rapprocher si l'éprouvé de désymbolisation parvient à une initiation à la vérité.

La pulsion de mort n'est pas toujours contenue par le désir et par le sens. Les adolescents, qui prennent des risques de mort dans les conduites à risques, les pathologies de l'agir, les addictions, l'anorexie et la tentative de suicide, espèrent peut-être enfin trouver une limite à leur angoisse, mais cherchent tout autant à fusionner avec l'originaire dans une ivresse létale. La destruction du narcissisme prend alors la forme d'une centration narcissique exacerbée, comme si la pulsion de mort pouvait être narcissique, ce que le style d'une « esthétique du sublime », mélange de beauté et de laideur, cherchera à rendre. À l'adolescence, l'engouement pour le sublime peut préserver un temps du pire, mais peut aussi enfermer durablement dans le négatif. Freud, dans *Malaise dans la civilisation*, écrivait que chercher à brider la violence agressive n'aboutirait qu'à intensifier les forces d'autodestruction (de toutes façons à l'œuvre), propos qui pourrait accabler plus d'un éducateur confronté aux « adolescents des banlieues » ! Se référant à *Jeunesse à l'abandon* de Aichorn, il écrivait qu'un positionnement trop faible du père peut induire aussi bien un surmoi excessivement rigide et sévère (compensateur de la fonction paternelle fragilisée) que des conduites hors toute limite selon qu'il y aura eu ou non amour : la crainte de le perdre fait accepter les exigences du surmoi, le manque d'amour désagrège le surmoi et livre le moi à l'agressivité contre l'autorité qui le frustre. (C'est la description tout à fait actuelle de ces adolescents qui provoquent par leur conduite les interventions répressives de la société. Mais sans doute manquent-ils surtout d'amour, et c'est la société toute entière qui, à leurs yeux, incarne une fonction paternelle rabaissée.)

La violence peut aussi bien contribuer à l'autonomie du moi que le replonger dans un vécu d'indifférenciation. Dans

*Psychologie des masses et Analyse du moi*, Freud parle de l'abandon sans retenue à l'influence de la foule lancée dans des actes violents comme d'une véritable jouissance à fusionner avec l'imaginaire d'une « puissance illimitée » dans la soumission hypnotique à une figure inconsciente de maître despotique, brutal et terrifiant. Or il nous dit que c'est précisément au décours de cette perte d'identité et de cette régression que le sujet pourra peut-être accéder à la dimension de la différence et de l'altérité d'autrui, en transformant l'état hypnotique induit par la foule en identification primaire. Cette conception d'un devenir qui hésite entre indifférenciation et processus de subjectivation, en un moment paradoxal réunissant une aliénation originaire et son dépassement dans un vécu de crise violente, s'applique tout à fait à l'adolescence (Freud évoque à ce sujet le mythe du héros adolescent qui se détache de la foule pour affronter le père). La violence serait celle de la foule fusionnelle mais aussi celle de son éclatement qui a lieu lorsque le meneur disparaît ou n'est plus reconnu, c'est-à-dire lorsque s'effondre l'autorité paternelle. Reste alors la haine, la haine pour l'objet. Dans les phénomènes de violence, de nombreux adolescents mettent en scène une destructivité comme pour constituer l'objet d'une relation possible dans la haine, ce qu'ils argumentent de leur insatisfaction et des carences dont ils ont été victimes. La négativité des conduites violentes contient souvent la virtualité de retrouvailles avec le relationnel au-delà d'une mise à l'épreuve de la capacité d'autrui à réparer les traumatismes subis. Ainsi la pulsion de mort pourra parfois être conjurée si on sait percevoir la dimension tragique de la quête d'un interlocuteur acceptable et la signification de psychodrame sauvage cherchant à donner un sens œdipien à ce qui aura été d'abord subi passivement comme une violence du monde des adultes. La violence agressive et la violence retournée contre soi du sujet qui se constitue en victime sacrificielle cherchent toutes deux la rencontre avec l'Autre. Certains crimes parricides commis par des adolescents comportent cette signification (F. Marty).

Lorsque des adolescents dans leur violence antisociale proclament qu'il n'y a pas de réconciliation intersubjective possible, ils redécouvrent paradoxalement l'objet et la passion.

## 4. Suicides et tentatives de suicide

Le geste suicidaire, à l'adolescence, s'il peut sembler s'inscrire dans la continuité d'une fréquente auto-agressivité (se traduisant par l'ascétisme, les automutilations, les accidents à répétition), s'en distingue par sa référence à l'idée de la mort comme telle et par sa dimension de raptus mélancolique. Parce que la mort et le deuil sont au fondement inconscient de la « crise » d'adolescence, les comportements qui font partie du champ suicidaire inconscient sont extrêmement nombreux (accidents à répétition, abus de drogues, comportements violents entraînant des représailles), mais ces comportements doivent être distingués du suicide parce qu'ils relèvent aussi de la dimension ordalique des conduites à risques.

La tentative de suicide à l'adolescence se distingue par son impulsivité et par son caractère de désir de meurtre des objets parentaux internalisés. La pression sur autrui, le geste ultime qui cherche encore à établir une relation, sont remarquables. Les suicides sont, après les accidents de la circulation, une des principales causes de mortalité de l'adolescence, mais il y a un décès pour soixante tentatives à l'adolescence, contre un décès pour treize tentatives aux autres périodes (INSERM, Davidson et coll.), ce qui traduit un contraste entre le suicide et la tentative de suicide. L'absorption de médicaments (souvent ceux qui auront été prescrits lors d'une consultation psychiatrique) est la méthode la plus utilisée. Dans la majorité des cas, aucun diagnostic psychiatrique précis n'est porté, le suicide semble ici « transnosographique » ; on peut repérer sa signification d'appel, de chantage, d'évitement d'un conflit, voire de « suicide pari » ordalique où l'on s'en remet à la destinée, ou encore d'impulsion résultant d'une intolérance à la frustration ou à la déception. Dans le geste suicidaire adolescent, le court-circuit pulsionnel, qui ne pense pas, côtoie l'intellectualisation de l'idée de mort dans une « esthétique du sublime ». F. Ladame estime que la tentative de suicide traduit l'échec dans le second processus de séparation-individuation lorsque l'adolescent ne parvient pas à accéder à l'idéal de lui-même (trop élevé) qu'il s'est fixé. Le geste suicidaire correspond à un vécu de rage narcissique, entre humiliation et paradoxalement, sentiment de grandiosité voire d'immortalité, et ce dans un contexte qui semble confirmer la « mauvaiseté » du sujet ainsi que dans un vécu d'intoxication par des idées suicidaires. La récidive est fréquente mais trop la craindre conduirait à contrôler l'adolescent de façon excessive et donc à l'empêcher d'évoluer. Mais à l'inverse, négliger le risque de récidive serait ressenti par l'adolescent comme un abandon.

Le suicide est « transnosographique » au sens où on le trouve dans des problématiques aussi bien névrotiques que psychotiques ou ni névrotiques ni psychotiques : il correspond cependant à un moment de trouble des limites et c'est du point de vue d'un « jusqu'où je ne peux pas aller » (S. Lebovici) qu'on peut le mieux l'appréhender. Il y a des suicides mélancoliques répondant à une dépression profonde et des suicides d'hystériques répondant à une angoisse immaîtrisable. Mais le plus souvent, la tentative de suicide à l'adolescence comporte un double aspect d'évitement de la relation d'objet et d'adresse à l'autre typiquement « cas limite ». Dans les meilleurs cas, elle introduit à une séparation-individuation par le truchement de l'élaboration, après-coup, du concept de l'absence de soi (si le suicide avait « réussi »). C'est la fonction paternelle qui est ainsi sollicitée (le père mort la métaphorise en effet). Le tableau post-tentative de suicide est nosographiquement complexe, entre inhibition dépressive et exaltation, entre trouble profond de l'identité et conflit névrotique. On a l'impression d'une expulsion brutale d'un conflit psychique intense par l'agir. Le suicidant, bien qu'en proie à une mélancolie dont il ne parvient pas à s'approprier le noyau de créativité potentielle, pourra néanmoins, en se constituant à ses propres yeux et à ceux des autres comme celui qui a tenté de se suicider, approcher ce noyau. Il a pu s'affirmer, au risque de se perdre. Son fantasme est, disent P. Jeammet et E. Birot, de se constituer à la fois comme mortel et comme immortel en « s'infiltrant à jamais par sa présence morte imaginée entre ses parents », pour les désunir mais aussi pour les réunir autour de lui. De ce point de vue, « la tentative de suicide pourrait se comprendre alors non pas comme une recherche de fusion, mais comme une tentative de constitution de limite ». En effet, le suicidant voudrait croire en un infini, tel Empédocle qui voulait, pour égaler les dieux, se précipiter dans l'Etna et faire de sa disparition un moment de fusion incandescente entre ses propres pulsions et l'objet interne maternel archaïque ressenti comme source de toute pulsion. Une telle précipitation à vouloir éviter le temps qui s'écoule se situe à l'opposé du long parcours d'un autre personnage tragique : Œdipe. Le vécu post-tentative de suicide apporte un démenti au souhait du suicidant d'abolir le conflit psychique. Au-delà d'une limite enfin trouvée dans l'élaboration de l'idée de mort réalisée après une tentative de suicide, c'est à son angoisse de castration que le sujet devra se confronter.

## III. ANOREXIE, BOULIMIE ET TOXICOMANIE

### 1. L'anorexie

Chez l'adolescente, l'anorexie à proprement parler est souvent précédée d'un refus de manger sans diminution de l'appétit. Cette caractéristique a donné naissance à l'idée d'une prophylaxie précoce par un dépistage de masse chez les toutes jeunes adolescentes. L'anorexie, conduite intentionnelle inconsciente, relève aussi de la physiopathologie (arrêt des règles – aménorrhée – et modifications de certaines régulations biologiques neuro-hormonales). Chaque anorexie considérée individuellement s'explique par une constellation singulière de conflits et de fantasmes individuels, mais le syndrome clinique est si semblable d'un cas à l'autre que la majorité des auteurs fait l'hypothèse, si ce n'est d'une structure, du moins d'une organisation identique caractérisée pour les uns par la prégnance d'un profond conflit archaïque avec la mère, pour les autres, d'un conflit lié à l'identité sexuelle naissante, au refus du corps féminin. Le second conflit s'aggrave de la résurgence du premier, ces deux conflits n'en font alors plus qu'un : un trouble primaire du sentiment d'identité lié à une faille dans l'identification tout à la fois à la féminité de la mère et à sa fonction maternelle nourricière et soignante.

Pendant longtemps, l'anorexie a été considérée comme un symptôme hystérique, puis on s'est intéressé aux perturbations précoces mère-enfant, et aujourd'hui on cherche plutôt à penser l'anorexie dans toute sa complexité, dès lors que l'on tient pour acquis, avec B. Brusset, qu'il s'agit d'un syndrome suffisamment cohérent pour être appréhendé comme catégorie nosologique à part entière. La ressemblance des anorexiques entre elles est frappante (même caractère déréel de la recherche obstinée de la maigreur, même processus phasique durant quelques années), même si certaines déterminations apparentent plutôt l'anorexie, dans certains cas, à la névrose, dans d'autres cas elles l'apparentent à la psychose, à la dépression ou à la perversion. En 1873, Lasègue parle d'anorexie « hystérique » et en 1888, Gull évoque l'anorexie « nerveuse ». Ch. Lasègue la décrit à propos de jeunes filles, âgées de 15 à 20 ans. Dans ses premiers travaux sur l'hystérie, Freud, confronté à l'anorexie, insiste sur le refoulement de l'érotisme oral. Mais il met tout autant l'accent sur la dimension dépressive des jeunes hystériques ainsi que sur la dépressivité de leurs mères, soulignant une dimension mélancolique propre à la relation fille/mère inséparable du refus du corps féminin. L'anorexie dérive d'une perturbation des assises auto-érotiques du moi chez l'hystérique et d'une difficulté d'appropriation du féminin de sa mère.

H. Bruch fait l'hypothèse d'un défaut d'intégration des stimuli internes comme cause de la méconnaissance des besoins du corps (l'anorexique ne sait pas à quel point sa vie est en danger la plupart du temps) et d'un trouble de la perception de l'image du corps, dus à une incapacité de la mère à réellement connaître les besoins et le corps de son enfant.

Certains considèrent l'anorexie comme réaction à un événement, par exemple un traumatisme sexuel ou une déception sentimentale, à un conflit familial. Elle s'apparente alors à une fuite par la régression, exacerbée par le bénéfice secondaire de devenir le centre de l'attention familiale. L'anorexie à l'adolescence apparaît souvent à la suite d'un événement difficile à gérer, mais traduit cependant toujours une difficulté narcissique plus fondamentale. Ainsi les symptômes prennent-ils très vite une valeur expiatoire autopunitive, qui cache une violence contenue contre l'entourage et en particulier contre la mère (atteinte par le symptôme de son enfant dans la qualité de sa fonction nourricière). K. Abraham fut le premier à analyser l'auto-répression de l'agressivité propre au stade oral du développement de l'enfant dans la régression anorexique à l'adolescence, véritable inversion autodestructrice d'un fantasme « cannibalique » agressif (et pour ainsi dire boulimique). Il parle à ce propos d'incorporation de l'objet, ce que M. Klein développera avec les notions de bon et de mauvais objets (pour l'anorexique, mais pour la boulimique aussi, la nourriture est un mauvais objet qui reste inassimilable et pourtant qui reste manquant). L'anorexique refuse, elle dit non, fondamentalement à l'autre, au monde, à tout. L'anorexie serait donc un trouble de la relation symbolique.

Le conflit tend à s'exacerber et à se staser en une véritable lutte de puissance : la jeune fille oppose une résistance inexpugnable aux pressions de ses parents et les restrictions alimentaires ne sont jamais aussi strictes que lors du repas familial. La famille s'inquiète, s'affole, l'adolescente garde une sérénité apparente et poursuit son comportement. La même jeune fille, hospitalisée, après avoir perdu beaucoup de poids, continuera à parler calmement avec ses soignants de son possible décès et de l'effet qu'il produirait sur son entourage, avec un stoïcisme dont on ne saurait dire s'il traduit une lucidité mélancolique sur la mort comme vérité ultime ou bien plutôt une méconnaissance profonde de toute limite.

Le désintérêt pour toute forme de sexualité génitale, le maintien le plus longtemps possible d'une activité sociale adaptée, le parti pris d'un ascétisme hostile à tout laisser-aller et à toute passivité, une hyperactivité qui va jusqu'aux limites physiques et intellectuelles, donnent l'impression d'un déni du plaisir sous une normalité apparente plus que d'un comportement suicidaire mélancolique. Mais le déni n'est pas seulement du plaisir, il est aussi, on l'a vu, des contraintes naturelles (jusqu'à mourir à la fois d'inanition et d'hyperactivité). En poursuivant ses activités sociales, l'anorexique proteste de sa normalité, mais son insertion sociale est souvent superficielle : elle s'efforce surtout de faire comme les autres.

On a souvent souligné l'hyperactivité intellectuelle de l'anorexique, mais celle-ci reste pauvre et stérile le plus souvent (Brusset). Il peut se produire qu'une anorexique dénie complètement le caractère pathologique de son état.

La prédominance féminine est tout à fait écrasante. Gull l'avait déjà signalé en 1874, les auteurs contemporains insistent tous sur cet aspect qui amène à cibler la réflexion d'une part sur la relation précoce fille-mère et d'autre part sur la spécificité de la réaction de la fille à sa puberté (refus du corps féminin, l'amaigrissement pathologique l'effaçant). Chez le garçon, l'anorexie souvent prépubertaire, s'accompagne moins d'hyperactivité et évolue parfois vers une organisation psychotique de la personnalité.

B. Brusset distingue quatre évolutions possibles de l'anorexie mentale (sans compter le risque de décès) :

– une crise paroxystique peu durable du conflit dans le rôle de la victime accusatrice ;

– l'installation dans la cachexie et la réorganisation de l'existence à partir d'une réduction au minimum des exigences venant du corps, dans un sentiment tragique partagé avec la famille lors de l'hospitalisation, mais aussi dans un rapprochement avec la famille, l'hostilité envers la mère demeurant méconnue et le père apparaissant comme un allié. L'adolescente accède parfois alors à un style sophistiqué de féminité où elle s'autofétichise dans la parure et où paradoxalement les formes féminines du corps semblent soulignées par leur évanescence pour ainsi dire éphébique. L'originalité du comportement alimentaire se fond alors dans une esthétique ;

– à l'anorexie se mêlent des conduites boulimiques dans un contexte de désorganisation où s'adjoignent des agirs, des toxicomanies, des tentatives de suicide, etc. L'anorexie évolue alors en boulimie avec vomissements, en oscillation entre périodes anorexiques et périodes boulimiques, sur le mode soit de la compulsion soit de l'impulsion. Le tableau est celui d'une dépression à défenses addictives et/ou psychopathiques ;

– quatrième éventualité, les formes d'évolution favorable. La reprise alimentaire reste difficile, gardant longtemps son activité de tri, sa lenteur, ses restrictions, parfois encore des vomissements. L'adolescente anorexique reprend une vie adaptée, souvent cependant marquée par une sophistication tout à la fois du rituel alimentaire et du style vestimentaire (et, plus généralement, de la façon de se comporter). Le risque est ici celui de la rechute, et il faut souligner la persistance des restrictions relationnelles, des difficultés sexuelles ainsi que la difficulté à envisager d'avoir des enfants et, s'il y en a, des difficultés dans la relation avec eux.

Il faut, à propos du risque évolutif, évoquer l'hypothèse la plus communément émise actuellement à propos de l'anorexie et de la boulimie, celle de leur unité structurale, l'anorexie pouvant être considérée comme une formation réactionnelle contre le danger de devenir énorme en se laissant aller à tout dévorer, le fantasme oral représentant la pulsionnalité génitale, le grossissement donnant forme au débordement pulsionnel. Il s'agirait d'une névrose féminine apparentée à la fois à la relation addictive à l'objet (la nourriture comme drogue mais aussi bien une toxicomanie sans drogue), à l'hystérie, et à l'oscillation entre dépression et défense maniaque contre la dépression. Le conflit précoce fille-mère y serait recouvert par un complexe d'Œdipe vécu sur le mode sadique-oral de la haine de la mère et de la féminité, dans une confusion entre représentation d'une mère utérine et nourricière énorme et représentation du sexuel débordant du corps féminin. La carence précoce dans la relation mère-enfant fixe à l'oralité et prédispose au sadomasochisme, mais, au fond, les anorexiques sont peut-être surtout affamées d'amour dans une demande très régressive qu'il faut savoir entendre. On peut dire, avec B. Brusset, que toutes les anorexiques sont virtuellement boulimiques. À l'adolescence, l'anorexie semble signifier prioritairement la fuite de la sexualité génitale et une « cassure » dans le développement (*cf.* chap. 2), mais très vite elle se chronicise comme pathologie narcissique (ce qui peut d'ailleurs faire négliger la causalité traumatique sexuelle qui existe parfois). L'anorexie à l'adolescence ne trouve jamais son point d'équilibre, elle dérive en permanence vers des aménagements pervers (conviction d'une jouissance supérieure et secrète), maniaques, addictifs, etc. Le corps procure une néo-identité symptomatologique d'objet mauvais à purifier, dans la visée d'un prolongement sans fin de la phase de latence du développement de l'enfant.

Les auteurs décrivent la mère comme le personnage fort de la famille et le père comme faible quoiqu'idéalisé. Nous avons évoqué la conception de H. Bruch sur le défaut fonctionnel de la mère qui perçoit mal les besoins de son enfant. Il faut y ajouter l'excès de protection inadéquate. Souvent il y a causalité transgénérationnelle : la mère de l'anorexique a parfois été elle-même anorexique, les parents de l'anorexique ont souvent eu un conflit précoce avec leur mère. Ceci amène à souligner l'intérêt clinique de l'approche familiale (entretiens réguliers avec les parents de l'anorexique, groupes de parents d'anorexiques, psychothérapies familiales avec l'anorexique, ses parents, ses frères et sœurs, etc.). Autour du symptôme anorectico-boulimique de l'adolescente, le fonctionnement familial se réorganise, les personnalités des parents s'accentuent : le symptôme agit comme révélateur, mais aussi comme catalyseur des modes relationnels inscrits dans une répétition que ne pourra parfois déjouer qu'un système d'intervention multifocal où tous les membres de la famille sont suivis et où l'adolescente anorexique est suivie de plusieurs façons à la fois (psychothérapie psychanalytique individuelle, psychothérapie familiale, hospitalisation avec contrat de poids par exemple).

E. Kestemberg dit que l'anorexique cherche à éviter et à effacer son conflit œdipien, parce que son expression pleine et entière lui ferait perdre le sentiment de ses limites dans une sorte de folie qui reproduirait un trouble des limites de l'enfance, dû à une difficulté dans l'identification primaire de la fille à la mère. La puberté introduit une coupure dans le développement qui réveille un vécu de discontinuité à l'aube de la vie. La dimension de trouble cognitif (les rationalisations intellectuelles) et de froideur dans la relation à autrui (relation « fétichique ») sont expliquées par E. Kestemberg par le ratage de l'identification primaire à la mère. Le père est là, il y a eu triangulation, mais la relation fille-mère est trop prégnante. Le père sert souvent d'appui contre la mère, il sera idéalisé en tant qu'il n'est pas une femme mais l'anorexique confond sa phallicité avec le masculin et d'ailleurs interprète le phallique comme l'idéalité d'une verticalité anti-corporelle (l'hyperactivité, la sensation de faim, le vide du tube anus-bouche). Son érotisme serait diffus et dépourvu de zones érogènes, en une sorte de perversion. L'anorexique investit un corps perceptivo-moteur opératoire. Parfois, elle découvre le plaisir partagé de la relation avec un psychothérapeute comme une nouveauté absolue. On a l'impression d'une enfant embarrassée par son corps d'adulte et par la tâche d'avoir à surmonter le conflit œdipien, lequel apparaît comme une référence « plaquée » à un sujet qui se sent catapulté dans un monde auquel il cherche à donner le moins de prise possible en exhibant l'image phallique bisexuelle où, pourtant, la féminité insiste, serait-ce sur le mode paradoxal de son évanescence qui condamne à la deviner.

## 2. La boulimie

Ce n'est que très récemment, à la fin des années 1970, qu'elle a été individualisée comme entité clinique autonome. Russel (1979) définit la « bulimia nervosa » (en analogie avec l'« anorexia nervosa ») par :

- la pulsion irrésistible de manger avec excès,
- la peur morbide de devenir gros,
- la tentative d'éviter la prise de poids par l'usage de purgatifs ou en provoquant des vomissements, ou les deux. La boulimie se voit ici définie comme anorectico-boulimie ou boulimie vomisseuse, alors qu'il existe des formes de boulimie sans aspects anorexiques et relevant plus franchement de la dépression.

Le DSM (classification nosologique officielle mondiale de la psychiatrie) a d'abord cherché à distinguer la boulimie de l'anorexie puis les rapproche en classant un sous-groupe d'anorexiques-boulimiques au sein de l'anorexie et un sous-groupe de vomisseuses au sein des boulimiques, deux sous-groupes qu'il faut essayer de croiser. Paradoxe : les diagnostics d'anorexie mentale et de boulimie y sont mutuellement exclusifs mais deux types d'anorexie mentale sont distingués, les types boulimique et non boulimique. Le DSM suppose alors une boulimie pure sans vomissements provoqués ou prise de laxatifs.

Une étude INSERM de 1992 (M. Flament, E. Birot, P. Jeammet) montre une prévalence de la boulimie à l'adolescence de 1,1 % pour les filles et de 0,2 % pour les garçons. La pathologie est plus grave s'il y a antécédence d'anorexie mentale ou association avec le vomissement. L'analyse des tests projectifs de personnalité confirme la diversité des modes de fonctionnement psychique chez les boulimiques et les troubles de représentation du schéma corporel. Cette étude dégage deux sous-groupes, l'un à dominante impulsive et l'autre à dominante compulsive, les deux pouvant s'accompagner de dépression (la dépression constituant la toile de fond et peut-être le paradigme de l'ensemble anorexie-boulimie).

Cette étude fait l'hypothèse que les conduites boulimiques sont une réponse à la crise d'adolescence sur le mode d'un passage à l'acte. Elle distingue :

– une forme à dominante compulsive accompagnée d'angoisse et de culpabilité et où persiste une lutte contre l'impulsion boulimique,

– une forme à dominante impulsive (« l'attaque du frigidaire » suivie d'une fascination pour l'énormité de l'acte) de mauvais pronostic, souvent associée à d'autres troubles impulsifs (tentatives de suicide, toxicomanie, conduites délictueuses). L'évolution se ferait vers la forme la plus impulsive, avec appauvrissement des représentations psychiques.

L'étude comporte l'approche d'une population non sélectionnée d'adolescents scolarisés (N = 3 288, moitié sud du département de la Haute-Marne, étude construite par M. Choquet et S. Ledoux). Elle souligne l'âge précoce des symptômes et en déduit l'urgence à mettre en place un traitement précoce avant la chronicisation des cycles boulimie/anorexie, à un moment où la conduite boulimique n'est encore qu'une défense contre des affects dépressifs. La très jeune boulimique mange seule à la maison en rentrant de l'école, sans faim et sans plaisir, dans la honte et une image négative de soi, elle recourt rarement au vomissement et à des stratégies de contrôle de poids qui interviennent plus tard dans l'évolution du trouble. Il existe un continuum entre conduites alimentaires normales et pathologiques dans la population générale adolescente. L'âge d'apparition des comportements alimentaires pathologiques est très précoce, dès 12 ans. Ils augmentent à partir de 14 ans. Ils sont directement un trouble de la puberté et sont très souvent associés à des plaintes dépressives.

Un second volet de cette étude concerne 539 patients consultant pour conduites boulimiques. Il en ressort la même logique puberté → anorexie ou boulimie → anorexie et boulimie. Deux sous-groupes présentent des symptômes particulièrement sévères : les boulimiques ayant recours aux vomissements provoqués et les boulimiques anciennement anorexiques. Aux symptômes boulimiques sont fortement corrélés la dépression, la culpabilité, l'impulsivité agressive, l'évitement social et l'irritabilité. Comme l'anorexie mentale, la boulimie à l'adolescence semble sous-tendue par une faible estime de soi et par une image corporelle idéalisée inaccessible, dont les crises de boulimie représentent la faillite, et les stratégies de contrôle de poids une tentative illusoire de réparation. L'étude distingue : anorexiques pures, anorexiques-boulimiques, boulimiques avec stratégies de contrôle de poids, boulimiques sans stratégies de contrôle de poids (les plus déprimées), avec une nuance subtile entre le second et le troisième type.

La boulimie impulsive exprime une rage destructrice et une tentative de compensation des frustrations, mais dans une fascination pour sa propre déchéance. Elle est un équivalent de folie érotique qui s'ignore comme telle, métaphore extrême de l'excès pulsionnel honteux mais aussi de la dépression (la gloutonnerie de l'enfant est, selon Winnicott, une réaction à l'environnement primaire perdu). Les alternances de crises boulimiques, de vomissements et de périodes sans repas réguliers se succèdent indéfiniment. L'impulsion permet un échappatoire à la contrainte surmoïque et prouve un sentiment de libération comparable à l'effet d'une prise de toxique. Elle tend à devenir un exutoire automatique des excitations (comme une masturbation compulsive, un tabagisme ou une tendance alcoolique). Il est pertinent de recourir, comme le fait B. Brusset, au modèle freudien de la « névrose actuelle » pour la comprendre puisqu'on y trouve la même inadéquation du débouché pulsionnel et le même défaut d'élaboration psychique : il y a dysfonctionnement de la pulsion, dont la source, la poussée, l'objet et le but sont dissociés.

L'aspect frénétique de la crise boulimique, l'intensité des éprouvés sensoriels qu'elle prouve, relèvent de la dimension traumatique. On peut penser qu'il y a régression vers une oralité archaïque pathologique où le sexuel et l'alimentaire se parasitent réciproquement. Tout y est : avidité, intolérance à toute attente, fusion avec l'objet puis sa destruction consécutive à son absorption. On y trouve aussi une dimension de sexualité anale : fécalisation non seulement de l'aliment et du corps propre mais aussi de la chambre et des vêtements. Ce type d'évitement régressif de la sexualité génitale survient dans un contexte où souvent de très jeunes adolescentes se sentent démunies face à la possibilité de relations sexuelles très précoces. D'une façon plus générale, « la boulimie n'est-elle pas une virtualité permanente de la sexualité féminine ? » (B. Brusset).

Dans l'anorexie, le vide corporel représente un vide de manque d'amour, dans la boulimie la sensation de plein peut, elle aussi, signifier un manque d'amour dès lors que la sensation élimine les sentiments. Dans les deux cas, le symptôme fonctionne comme une tentative de reconstitution d'un auto-érotisme primaire et d'un plaisir de vivre défaillant (P. Jeammet). Il faut concevoir une unité anorexie-boulimie à partir d'un fantasme commun de dévoration rendant énorme mais aussi à partir des fréquents antécédents anorexiques de beaucoup de boulimiques. De ce point de vue, l'anorexie serait une organisation défensive par rapport au désir impulsif oral de fusion avec l'objet primaire. L'anorexique nie ce que la boulimique avoue dans la honte : un fantasme et une sensation de corps bourré et trop gros, une force pulsionnelle intense mais déqualifiée. L'échec de la génialité pourra se chroniciser en une sorte d'addiction à des sensations auto-provoquées (choc somatique consécutif à l'ingestion massive d'aliments ; à l'inverse, sensation de faim) évoluant en mécanismes biologiques (par exemple production d'endormorphines consécutive à la restriction alimentaire). Cette chronicisation signe une rupture du sens et rend difficile l'interprétation. P. Jeammet souligne que les oscillations de la conduite boulimique en tout ou rien, font de la prise en charge clinique une gageure. On trouve souvent une crudité des fantasmes sexuels et un climat incestueux dans les familles de boulimiques, l'avidité orale reflétant à la fois une exigence pulsionnelle (comme dans l'hystérie traumatique) et une fragilité narcissique. Le climat familial incestueux favorise la déliaison pulsionnelle et la régression. La crise boulimique vise à nier la solitude et la dépression qui s'ensuivent. Son seul avantage serait de représenter une solution toujours possible pour tenter d'évacuer l'excitation. On peut la théoriser comme un « aménagement pervers » (P. Jeammet) qui réduit considérablement le lien objectal tout en le maintenant.

## 3. La toxicomanie

La question essentielle qui se pose, du point de vue psychopathologique, en ce qui concerne l'augmentation de l'utilisation de drogues par les adolescents durant ces deux dernières décennies, est celle de la dépendance à laquelle elle introduit. Pour P. Jeammet, le refus de la dépendance est au cœur de nombreux troubles psychiques à l'adolescence et la dépendance envers une drogue pourrait bien être un moyen d'agir et tout à la fois de méconnaître un besoin de dépendance envers l'objet des pulsions (pour J. Bergeret, il existe des comportements de dépendance pathologique sans qu'aucun produit chimique ne rentre en jeu).

L'escalade possible du haschich au LSD puis aux amphétamines et aux barbituriques pour terminer par l'héroïne, est parallèle à une escalade du sentiment de solitude dans la consommation du produit, traduisant une régression d'un investissement objectal à un investissement narcissique.

Des études de l'INSERM notent une prédominance des hommes et confirment la jeunesse des sujets concernés (près de 8 % de moins de 18 ans, 17 % de moins de 20 ans et 80 % de moins de 25 ans). La toxicomanie est souvent associée à la consommation de tabac, d'alcool et de médicaments psychotropes, elle est le plus souvent une polytoxicomanie (53 % utilisent trois drogues ou plus). Le « flash », décrit comme une explosion de plaisir entre la vie et la mort, comporte une dimension traumatique. La « planète » libère ensuite l'imaginaire mais filtre les sensations, enfin la « descente » réintroduit à la vie réelle. D'un point de vue psychiatrique, les diagnostics les plus fréquents sont ceux de dépression, de personnalité antisociale et d'alcoolisme. Si l'adolescent toxicomane évolue parfois vers la tentative de suicide, c'est surtout l'enfermement dans un vécu de dépendance qui le guette.

Pour J. Bergeret, on rencontre la dépendance toxicomaniaque chez trois groupes d'individus :

– ceux chez lesquels l'attachement mal élaboré à l'objet œdipien et la déception apportée par cet objet conduisent à la dépendance envers un objet substitutif ;

– ceux qui ont un mode de fonctionnement psychotique, la toxicomanie venant justifier le débordement délirant de l'imaginaire ;

– ceux qui présentent les traits « cas limites » d'une angoisse permanente d'abandon et de quête d'un objet rassurant et gratifiant.

La prise de risque mortel et la transgression des lois peuvent être compris comme une véritable épreuve ordalique et un rituel d'initiation (*cf.* chap. 5). L'intensité du vécu toxicomaniaque répète le traumatisme induit par la puberté dans le sens d'un blocage. Ainsi la question de l'identité posée à l'adolescence risque-t-elle de mener ici à une immobilisation. C. Olievenstein parle de « stade du miroir brisé », le plaisir et la découverte de soi dans le « flash » ramenant aussitôt à ce qui était antérieur, la fusion, l'indifférenciation, et cette brisure à son tour se voyant niée par la réitération du « flash ». On peut interpréter cette dialectique comme un enfermement dans un mécanisme maniaco-dépressif. Tous les auteurs évoquent la fragilité narcissique du toxicomane, en particulier le cycle qui conduit du besoin incoercible à la culpabilité, ensuite de celle-ci à la dépression, puis de la dépression à nouveau au besoin (S. Lebovici). Pour R. Diatkine, le recours à la satisfaction provoquée par la drogue traduit l'impossibilité de trouver spontanément du plaisir dans la fantasmatisation. Il s'agit d'un mécanisme d'extériorisation, un clivage est à l'œuvre. La toxicomanie protège peut-être d'une désorganisation psychotique plus grave en consolidant un clivage du moi, mais empêche la prise de conscience et le dépassement de la dimension dépressive en cause.

La loi du 31 décembre 1970, en distinguant les toxicomanes qui relèvent d'une approche médicale des toxicomanes qui relèvent d'une approche judiciaire, introduisit de nouveaux abords thérapeutiques, centrés d'une part sur l'urgence d'écouter les jeunes toxicomanes et d'autre part sur les cures de substitution (à la Méthadone par exemple) ou du moins sur un encadrement médical de la prise de toxiques. Très vite est apparue la nécessité d'équipes de spécialistes issus d'horizons différents, ainsi que celle d'un contact chaleureux qui permettra peut-être à l'adolescent toxicomane de se confronter avec moins de crainte à ses tendances destructrices.

On peut regrouper dans le chapitre des toxicomanies la consommation d'alcool de plus en plus liée à la consommation de plusieurs drogues, ainsi qu'à une forte consommation de tabac, ou encore de médicaments. Chez l'adolescent, la consommation d'alcool prend plus que chez l'adulte la signification d'une recherche délibérée de « défonce » et d'intensité de l'éprouvé. Par ailleurs, l'alcool amplifie l'effet des drogues et de certains médicaments, et il peut servir de « relais » entre deux prises de drogue. L'alcoolisation traditionnelle comme intégration rituelle au monde des adultes tend à régresser, et prend une signification plus pathologique de type cas limite (Bergeret parle d'une angoisse dépressive et d'une demande d'amour qui se fixe sur l'alcool).

# Chapitre 4

# Adolescence et psychose

## I. LE DIAGNOSTIC DE PSYCHOSE

Il faut distinguer le sentiment de folie à l'adolescence (M. Laufer, R. Cahn, P. Gutton) de l'apparition (insidieuse ou brutale) d'une psychose franche, en particulier de la schizophrénie. Un début de délire ou des troubles de l'image du corps correspondent souvent à une folie non psychotique qui pourra s'estomper, alors que la schizophrénie est durable. La schizophrénie débutante peut « ressembler » à un type de folie non durable dans sa dimension de perte partielle du sens de la réalité, de bizarrerie et de détérioration des relations sociales et dans le domaine du travail. On peut du reste considérer que les moments transitoires de perte partielle du sens de la réalité à l'adolescence (par exemple lors d'une errance ou d'une fugue) sont indiciels d'une potentialité psychotique demeurée inaperçue (P. Aulagnier). Tantôt les troubles initiaux s'amendent, tantôt la perte de contact avec la réalité s'aggrave. Le diagnostic est compliqué par le critère évolutif. Il y a des parallélismes étonnants entre une crise un peu marquée d'adolescence et le commencement d'un état psychotique (D. Marcelli) : anxiété envahissante, attirance vers des attitudes extrêmes, trouble de l'image spéculaire (observation de soi devant le miroir), réactions « bizarres » inexplicables et dysphoriques, fluctuation entre excitation et dépression, retrait et isolement narcissiques. Cependant, la fréquence des épisodes catatoniques aigus, des délires de modifications corporelles, des thèmes mégalomaniaques ou de transformation du monde, permettent de déceler le morcellement schizophrénique. L'étude des antécédents révèle qu'assez souvent les futurs schizophrènes ont été des enfants sages, ce qui amène à s'intéresser à la latence d'un trouble concernant l'ensemble de la famille du sujet et sa généalogie.

Le bouleversement pubertaire rend nécessaire un remaniement des identifications secondaires, d'où un flottement transitoire du sentiment d'identité pouvant induire des éprouvés de bizarrerie et d'incohérence interne proches du vécu schizophrénique, mais qui relèvent en fait de la dépersonnalisation d'un moi soudain livré à la découverte de la vacuité de ses masques. La question se pose de savoir si ces éprouvés suffisent par leur seule accumulation quantitative à faire basculer un sujet dans la rupture psychotique avec la réalité : il n'est pas illégitime de penser qu'à l'adolescence, certaines identifications hystériques à une néo-identité de « fou » peuvent favoriser une chronicisation d'allure psychotique éventuellement renforcée par une erreur diagnostique et un traitement médicamenteux antipsychotique inadapté.

D'un côté il y a les psychoses qui apparaissent à l'adolescence en rupture avec l'état antérieur, de l'autre il y a le devenir à l'adolescence des psychoses infantiles avérées. De plus en plus d'enfants sortent de la psychose à l'adolescence grâce aux techniques thérapeutiques et aux institutions spécialisées. En revanche, chez les enfants précédemment autistes sans langage, l'adolescence semble n'induire aucun remaniement.

Dans le développement de sa théorie, Freud s'est de plus en plus intéressé à la psychose, à partir d'une réflexion sur les mécanismes de défense à l'œuvre dans le fétichisme et les « névroses narcissiques » (que l'on appellerait aujourd'hui cas limites), c'est-à-dire des mécanismes (tels le déni et le clivage) permettant au sujet de conserver un certain contact avec la réalité. Ainsi, la psychose y apparaît comme l'asymptote logique des pathologies ni névrotiques ni psychotiques, quoiqu'en rupture franche avec celles-ci dès lors que le déni psychotique de la réalité rompt la barrière protectrice du clivage dans une expulsion (forclusion) massive d'un pan entier de la réalité et du psychisme. On peut compléter l'approche freudienne par la prise en considération de la « potentialité psychotique » infantile (P. Aulagnier) souvent induite par la paradoxalité du mode de communication familial, en particulier lorsque la mère emprisonne l'enfant dans des positions identificatoires et désirantes limitées et interdites de changement. Les hypothèses « systémiques » de G. Bateson et

P. Watzlawick dégagent les notions d'injonction paradoxale et de disqualification ; par exemple une mère dit à son fils schizophrène : « Tu ne m'aimes plus » alors que c'est elle qui vient de se détourner pour ne pas l'embrasser, puis ajoute : « Il ne faut pas que tu te sentes si embarrassé et peureux au sujet de tes sentiments », enfermant son fils dans une non-reconnaissance de ce qu'il ressent et dans des opposés intenables. La thérapie familiale systémique préconise d'agir sur ce type de communication pour restituer un choix au sujet. Or l'adolescence est la période où, de toutes façons, l'adolescent remet en cause l'équilibre familial et menace son mode de communication, la bizarrerie para-psychotique signant par exemple l'absence d'issue face à une rigidification du système familial. P.-C. Racamier relie la paradoxalité aux sentiments de toute-puissance d'un moi croyant pouvoir vider autrui de sa consistante au moment même où il l'investit sur le mode perverti de « l'incestuel », relation saturée de complicité sexuelle incestueuse non agie et stasée.

Il faut distinguer ce type de situation du *breakdown* (Laufer) (*cf.* chap. 2, paragr. III) où le sujet s'effondre sur un mode d'allure psychotique sans être nécessairement l'objet de projections et d'injonctions paralysantes de la part de son entourage. Il existe un ensemble psychopathologique flou de manifestations d'allure psychotique (hypocondrie aiguë, sentiment d'étrangeté, syndrome d'influence, troubles du comportement) ne relevant pas du diagnostic de psychose (ce que le DSM reconnaît en un sens en parlant de « troubles psychotiques non spécifiés » et de « psychoses réactionnelles brèves »). La perspective évolutive est ici plus heuristique que celle de la classification séméiologique. La rupture d'allure psychotique, réponse à un contexte actuel défavorable sur fond de prédisposition latente, est difficile à distinguer des pathologies ni névrotiques ni psychotiques (*cf.* chap. 3) résultant des avatars du second processus de séparation-individuation (*cf.* chap. 2, paragr. IV) : dans les deux cas, le sujet en suspens, dans l'impossibilité aussi bien de se séparer que de ne pas se séparer, lutte contre la menace d'hallucination et de perte du sens de la réalité par un recours massif à la perception des objets externes. Tout est encore possible, d'où l'urgence de l'intervention thérapeutique (en particulier dans sa dimension « multifocale » susceptible de favoriser un réinvestissement progressif diversifié de la réalité et de modifier certains aspects de la communication intergénérationnelle où se trouve pris le sujet).

## II. LA « POTENTIALITÉ PSYCHOTIQUE »

Selon P. Aulagnier, « c'est surtout en fin d'adolescence qu'on assiste au passage d'une potentialité psychotique à sa forme manifeste » parce qu'à cette période de la vie se rejoue l'articulation entre ce qui est de l'ordre de la représentation pulsionnelle et ce qui ressort du champ identificatoire. La potentialité psychotique se constitue dans l'enfance dès lors que la mère enferme le sujet dans un champ identificatoire limité, qui ne doit jamais évoluer et est voué à être le support de ses propres projections. Le mouvement adolescent de recherche de nouvelles identifications est empêché par cette potentialité psychotique qui devient alors manifeste, le « projet identificatoire » se voyant barré à un moment où se dévoile (dangereusement) le fondement de toutes les identifications, la qualité symbolique (ou le déficit symbolique) de l'identification primaire. Qui plus est, l'éprouvé pubertaire renvoie au sujet une image de lui-même ignorée et peut donc faire resurgir l'insupportable de certaines positions identificatoires maintenu refoulé auparavant. Enfin, l'adolescence est un moment d'ouverture sur le monde et sur autrui propice à ces rencontres malheureuses entre un fantasme et un événement (ou une personne) de la réalité externe semblant en prouver la véracité, qui suscitent souvent l'entrée dans le délire. Le « projet identificatoire », nécessaire à tout sujet pour qu'il puisse se représenter lui-même au futur et investir celui-ci, se voit ici radicalement contredit par l'écart entre ce que l'adolescent s'imaginait devenir et la déception de ce qu'il se voit devenir. C'est alors la « catastrophe identificatoire », l'adolescent découvre, à partir du brouillage actuel de ses identifications et de ses choix d'objets, qu'en fait il n'a jamais été autonome dans le passé.

L'errance la plus banale, une fugue, une période de confusion, peuvent traduire, selon P. Aulagnier, l'insistance d'une

« zone sinistrée » que l'on aurait tort de prendre pour une expression anodine de la crise d'adolescence. L'adulte se souvient souvent de ce type de moments confus de son adolescence sans comprendre qu'ils sont révélateurs d'un trouble profond. L'analyse de ces moments, dans le souvenir d'un adulte, peut parfois permettre de reconnaître et de surmonter après-coup une potentialité psychotique demeurée pour l'essentiel silencieuse.

Par excellence, le sujet adolescent énonce un « je suis » écartelé entre passé et futur, il est condamné à un travail autobiographique propre à modifier la version infantile de son histoire devenue inapte à lui procurer des points d'ancrage et des figurations de désir adéquats. Il se (re)construit un passé dans une « auto-altération bien difficile à assumer ». Tout un pan de la pathologie à l'adolescence résulte du refus de cette auto-altération (refus du changement) ou bien d'une revendication d'un changement n'ayant plus de relation avec le passé.

Une phase spécifique précède l'installation d'un tableau psychotique à ciel ouvert (caractérisé par l'impossibilité d'investir des buts et des relations nouvelles). Ainsi, certains adolescents trouvent bien des points de repères dans leur histoire mais ne réussissent pas à mettre en place le champ des « possibles relationnels » parce que certaines positions identificatoires leur ont été interdites intergénérationnellement.

L'adolescent se trouve particulièrement proche de ce que P. Aulagnier nomme « l'originaire » qui se caractérise par la prégnance de la figurabilité sensorielle et par l'impact des relations de fusion, de haine, de possession, de destruction, de séduction et de rivalité avec les objets parentaux. Cette proximité colore aussi bien le vécu psychotique que « la folie pubertaire » (*cf.* chap. 1, paragr. II).

C'est souvent un échec (lors d'une première relation sexuelle, à un examen, etc.) qui déclenche l'épisode psychotique parce qu'il signe la fermeture des possibles relationnels et une immobilisation soumise à l'inconscient maternel qui dénie à son enfant tout droit au changement. L'échec le plus banal peut entraîner « un brusque mouvement de désinvestissement qui se manifeste par une phase de retrait relationnel, de solitude accompagnée parfois d'anorexie, avant que n'apparaissent les éléments qui signent ou annoncent l'entrée dans un système délirant », parce qu'il révèle « un mouvement de désinvestissement contre lequel le sujet se défend depuis longtemps et en fait depuis toujours ». Un tel retrait relationnel a souvent été vu comme un symptôme dépressif et narcissique, il peut aussi représenter un temps d'incubation, à la fin de l'adolescence, précédant l'entrée dans la psychose.

## III. LA COMPLEXITÉ DU TABLEAU CLINIQUE ET DES MÉCANISMES DE DÉFENSE

Le diagnostic différentiel entre psychose, cas limite et folie incestueuse dans la névrose (la « folie pubertaire ») amène à penser une coexistence possible entre ces champs. Parfois l'excès d'excitation et une ambiance familiale incestueuse suffisent à produire des bouffées délirantes et un état de « folie hystérique » caractérisé par l'échec du refoulement, la massivité de la projection et la constitution d'un « double » persécuteur (J.-C. Maleval). Le délire hystérique (non psychotique) lié à un débordement par une angoisse pulsionnelle ne s'y distingue toutefois plus d'une terreur d'intrusion par les objets archaïques et on ne peut totalement exclure l'incidence de facteurs biologiques. Un épisode délirant prolongera un débordement de libido incestueuse, une période dépressive apragmatique exprimera l'échec des désirs œdipiens qui trouveront néanmoins paradoxalement une sorte de satisfaction dans une immobilisation masochiste fétichisant le sujet en objet partiel d'une mère imaginaire toute-puissante. Le recoupement des champs de la psychose et des pathologies ni névrotiques ni psychotiques est particulièrement important à l'adolescence. Dans cette zone frontière, le clivage est le mécanisme de défense prévalent (tel que Ferenczi le définissait en 1932 comme protecteur du narcissisme dans les situations traumatiques et Freud en 1938 comme proche du déni psychotique de la réalité mais s'en distinguant cependant). L'homme aux loups, célèbre patient de Freud et qu'il considérait comme un névrosé, pouvait, à côté du refoulement, recourir au clivage mais aussi à la forclusion (déni radical s'accompagnant d'hallucinations). Chez lui coexistent des mécanismes de défense névrotiques, cas limite et psychotiques. Il existe une logique d'aggravation des défenses certes distinctes mais situées sur un continuum. La dimension évolutive temporelle est ici essentielle. Même la forclusion peut céder le pas à des défenses moins handicapantes si l'étayage du sujet sur la fonction paternelle et sur la référence à une fonction tierce s'améliore au gré de ses relations actuelles. Autrement dit, la qualité de la réponse de l'environnement et la capacité imaginaire à l'investir peuvent, à l'adolescence et jusqu'à un certain point, soutenir le positionnement symbolique et l'identité du sujet. On a donc tout intérêt à se montrer prudent quant à un diagnostic de psychose et à l'envisager au fur et à mesure de l'évolution. D'un autre côté, comme le dit P. Aulagnier, l'épisode psychotique à l'adolescence est une occasion d'analyser et de surmonter une potentialité psychotique chez un sujet qui a les moyens d'y faire face de par sa plasticité et sa mobilisation pulsionnelle. On doit ici parler en termes de modes de fonctionnement et de niveaux d'organisations très différents, c'est-à-dire en termes de complexité. Le clinicien devra donc éviter d'identifier comme carence ce qui est du côté de la défense contre le conflit pulsionnel. Le diagnostic de psychose est aussi, à l'adolescence, un diagnostic de cassure du développement radicale (*cf.* chap. 3) : la psychose y apparaît autant comme l'effet d'un échec du changement adolescent actuel que comme la résultante d'une potentialité psychotique infantile.

Dans *Vue d'ensemble des névroses de transfert*, Freud adopte un point de vue développementaliste : la pathologie individuelle reproduit l'histoire de l'espèce humaine ; ainsi par exemple la schizophrénie correspondrait à un stade très ancien de l'histoire de l'humanité où le « père de la horde primitive » (patriarche despotique et narcissique) imposait aux fils devenus pubères soit de partir soit de se soumettre totalement dans une dépendance infantile asexuée et châtrée (situation équivalente à une schizophrénie). L'adolescent de ce point de vue a le choix entre s'autonomiser en quittant la horde pour chercher une femme ailleurs (le père de la horde expulse ou écrase ses fils pour garder toutes les femmes pour lui) ou devenir schizophrène (la schizophrénie résultant alors de l'arrêt du développement normal, de l'arrêt du « second processus de séparation-individuation »). La paranoïa correspondrait à un stade plus développé de l'histoire humaine où les fils, devenus de jeunes adultes, forment une alliance dirigée contre le père despotique. La mélancolie correspondrait à la phase immédiatement suivante du deuil et de la culpabilité des frères alliés entre eux qui ont tué le père, et enfin la névrose correspondrait à la réparation de ce meurtre par la construction d'une civilisation et d'une culture. Comme on peut le voir, cette approche met l'accent sur le conflit de l'adolescent avec le père tout en anticipant la notion de séparation-individuation d'avec la mère (l'autonomisation par rapport à la « horde primitive » suppose en effet la différenciation par rapport à la mère).

## IV. PSYCHOSE ET CHANGEMENT

On parle plus souvent de devenir psychotique, de fonctionnement psychotique, de noyau psychotique que de psychose à propos des adolescents. À rebours du déplacement de l'investissement libidinal vers des objets autres que parentaux, dans le devenir psychotique, la libido, soustraite aux objets, ne fait pourtant pas retour comme investissement sur soi, ce qui entraîne un appauvrissement à la fois des relations et de la vie intérieure. Double paradoxe : « Repli sur soi et désinvestissement du monde interne d'une part, accrochage aux objets et désinvestissement du monde d'autre part » (C. Chabert et N. Guedeney). L'entrée dans la psychose résulte ici d'un arrêt du développement qui détruit le narcissisme du moi, parce que le Je, ne pouvant plus poursuivre son projet identificatoire et la conquête de son champ des possibles (prisonnier qu'il est des interdictions de changer édictées par l'inconscient maternel), s'effondre face à une image de lui-même mutilée et décevante avant de basculer dans la psychose. À l'inverse, une amélioration de l'image de soi peut relancer le processus de séparation-individuation. Le sujet reste un sujet même si le processus schizophrénique attaque les mécanismes de la pensée, et il dispose pour se reconstruire de sa forte capacité (pubertaire) d'investir et de s'agripper à sa perception du monde extérieur même s'il est en proie à un défaut de repères internes. Le sujet pourra progresser à condition que l'objet externe, son interlocuteur, l'autre auquel il s'adresse, soit présent en permanence (ou le plus possible) pour garantir la consistance symbolique de la réalité (la psychothérapie en face à face et un style d'échange vivant dans le dialogue sera préférable au dispositif psychanalytique classique avec position allongée sur le divan et interprétations brèves et condensées). À l'adolescence, les atteintes psychotiques de la pensée et des capacités de symbolisations ne sont pas toujours irréversibles, l'incapacité à penser survient dans un contexte relationnel et pulsionnel, par exemple lorsque le sujet est seul, ou bien lorsqu'il prend trop de plaisir à apprendre et à comprendre, ou encore lorsque l'éventualité du succès dans les études entraîne une fuite en avant exaltée et maniaque, se retournant en autodestruction.

On considère d'habitude qu'un comportement dominé par les processus primaires (liberté et associativité des mouvements pulsionnels « spontanés ») est de mauvais augure du point de vue psychopathologique, mais chez des adolescents en cours de devenir psychotique, l'émergence de processus primaires est au contraire le signe d'une revitalisation faisant obstacle à l'assèchement de la vie fantasmatique liée à la désintégration de la représentation de soi.

Le processus schizophrénique est une attaque contre les mécanismes de pensée mais aussi contre le lien à autrui, contre le concept même de l'autre comme sujet distinct et réel, ce que l'on peut interpréter soit comme le résultat d'une forclusion de la fonction paternelle (J. Lacan), soit comme un mouvement de désobjectalisation qui détruit la pensée mais aussi l'affect (A. Green), soit comme une défense comparable à l'autisme infantile. Mais la puberté est en tant que telle (même si elle est aussi désorganisatrice et perturbante) une réanimation psychique « thérapeutique » : elle suscite des émois forts liés au corps et de vifs affects susceptibles de favoriser l'émergence de processus primaires et une individuation narcissique. La réanimation d'un adolescent engagé dans un devenir psychotique reste cependant lente et les équipes psychiatriques risquent de se décourager tandis que l'adolescent est tenté par le court-circuit de l'hallucination et/ou par l'intensité paradoxale de la désertification et d'un vécu de vide. Cet adolescent semble nous interroger violemment : « Et si la satisfaction hallucinatoire était supérieure à la satisfaction réelle ? Et si le vide protégeait l'objet idéal ? »

La crise violente de folie manifeste est souvent une réponse, deux ou trois ans après, à une difficulté du début de l'adolescence liée au passage de l'état d'enfant à un autre état (en particulier dans les représentations figées que la famille veut conserver immuables d'un enfant satisfaisant idéal). R. Diatkine appelle « prépsychose » de l'enfance ce gel de la représentation familiale d'un enfant dont il est inimaginable qu'il change, et « pré-adolescence » le système peu évolutif et dépourvu de capacité à imaginer et à jouer qui s'ensuit. On sous-estime souvent les signes annonciateurs, à la pré-adolescence, des décompensations psychotiques de l'adolescence.

Dans l'entrée dans la psychose, l'enfant qui jadis avait admis la « trahison » de la mère qui s'absentait et n'était plus dans son champ perceptif, rétrospectivement recherche l'amour absolu dans l'hallucinatoire (d'essence infantile). Il faut pouvoir sortir de sa sclérose d'adulte et avoir un minimum d'empathie avec cette quête de ferveur pour pouvoir aider un sujet à vivre même en renonçant à l'amour absolu. D'où l'intérêt du groupe thérapeutique où l'adolescent psychotique pourra diffracter cette quête fusionnelle d'amour absolu sur plusieurs personnes dans un sentiment collectif d'exister, et renforcer ainsi sa capacité transubjective et intergénérationnelle préconsciente. La réunion de l'équipe soignante pourra être l'occasion d'analyser ce qui fait obstacle au changement, si les soignants parviennent à repérer les failles de communication avec l'adolescent psychotique et leur propre façon de le contraindre (sans même s'en rendre compte) à demeurer immuablement dans le même rôle : le lien aliénant qui assujettit le sujet psychotique à l'inconscient familial (et essentiellement maternel) se déplace dans sa relation avec l'équipe soignante et l'institution médico-psychologique. Aussi personne ne doit rester figé dans ses réactions émotionnelles premières par crainte de répéter l'attitude d'une mère qui interdit le changement à son enfant. L'histoire d'une prise en charge psychologique constitue finalement un nouveau roman familial en cours d'écriture et ouvert à l'évolution, où le danger d'intrusion est atténué. Ce roman introduit à une (re)construction des identifications et filiations généalogiques, il permet parfois de retrouver un « déjà-arrivé » familial que l'adolescent répète sans le savoir (J.-J. Baranes, B. Penot). Des lacunes en matière de symbolisation d'événements traumatiques provenant de générations antérieures peuvent s'aggraver de génération en génération jusqu'à produire une psychose. L'adolescent est parfois possédé par des caractéristiques de ses ancêtres, comme s'il était habité par un fantôme installé en lui comme dans une crypte (N. Abraham, M. Torok). On pourra dans certains cas se livrer à une véritable enquête sur l'histoire familiale, et mieux cerner un discours mythique familial porteur de significations partagées par tous les membres de la famille (A. Eiguer, B. Penot), tout en se préservant de l'illusion de maîtrise accompagnant ce type d'enquête et d'accusation facile des ascendants (J.-J. Baranes).

La réversibilité possible d'un début de psychose à l'adolescence est fonction du télescopage actuel entre les problématiques pulsionnelles et fantasmatiques respectives de l'adolescent et des membres de sa famille. L'adolescent menacé par la psychose se défend contre un risque de symbiose avec des objets parentaux internes (les pathologies de l'agir – *cf.* chap. 3, paragr. II – cherchent à éviter cette symbiose en substituant l'acte à l'hallucination). À l'inverse, une potentialité psychotique infantile peut se transformer en état limite à la fin de l'adolescence, si l'adolescent réussit à lutter efficacement contre l'empiétement des objets parentaux. On peut situer, avec R. Cahn, les cas limites entre processus d'adolescence réussi et entrée dans la psychose à l'adolescence (même si la psychose en tant que telle n'est pas spécifique de l'adolescence, celle-ci est le moment électif d'entrée dans la psychose). L'intolérance parentale à la puberté de l'enfant peut équivaloir à une véritable interdiction de changement et induire une immobilisation d'allure psychotique pouvant devenir ensuite un véritable désinvestissement objectal psychotique.

Plusieurs études montrent qu'environ un tiers des adolescents psychotiques s'aggrave avec le temps, tandis qu'un autre tiers guérit et que le dernier tiers demeure pris dans une problématique complexe où coexistent un fonctionnement psychotique et de réelles capacités d'autonomisation pendant plusieurs années sans pronostic sûr.

## V. LA « MULTIFOCALITÉ »

Les prises en charge « multifocales » combinent des types d'intervention différents (entretien clinique ponctuel avec un psychiatre ou un psychologue, prescription de médicaments, psychothérapie individuelle, psychodrame, participation à un groupe thérapeutique, hospitalisation, mais aussi rencontre avec une assistance sociale et engagement dans une structure éducative spécialisée, etc.), ce qui présente l'avantage de prévenir une réaction défensive de l'adolescent face à ce qui pourrait lui apparaître comme une relation duelle trop intense. Les déplacements entre intervenants et lieux différents soustraient à une relation duelle qui ne serait médiatisée par aucun tiers (P. Jeammet), ils sont propédeutiques du principe de différence comme tel. Par ailleurs, ils permettent l'expression du clivage à l'œuvre chez l'adolescent cas limite ou psychotique, par exemple une tendance à la diffraction du transfert et de la parole sur des personnes différentes, qui pourrait isoler et stériliser une psychothérapie si elle n'était pas repérée et analysée. C'est souvent l'ensemble du groupe des soignants et l'institution soignante elle-même qui sont élus comme objet transférentiel, le psychothérapeute étant perçu comme un simple élément de cet ensemble. Le morcellement des relations avec les soignants représente une confusion originaire du sens qu'il faudra traiter, mais la démultiplication des relations revitalise l'adolescent en proie au mouvement de désinvestissement et de désobjectalisation psychotique. Comme le dit C. Chabert, « il s'agit de saisir dans quelle mesure devient possible une *activité de représen-*

*tation* des relations dans le même temps où sont fournies des stimulations relationnelles, celles-ci comprenant à la fois des mouvements excitants et des possibilités de contenance par le cadre institutionnel », surtout dans les cas où le diagnostic de psychose est envisagé car alors « le défaut de repères internes et le sentiment de confusion qu'il entraîne déclenche un agrippement aux objets externes dans leur aspect tangible qui viennent supporter les efforts de reconstruction d'un moi éparpillé ou morcelé : la sensation en tant que telle constitue alors le fondement d'un contact avec la réalité externe dont la topographie vient au secours de la perte des repères spatio-temporels ». Dans l'accrochage aux perceptions dans le vécu thérapeutique multifocal se reconstitue une enveloppe narcissique. Le réinvestissement progressif du monde extérieur (alimenté par les pulsions pubertaires) est, dans un premier temps, vécu comme une imprégnation par des formes multiples propre à conforter le narcissisme.

Ce type d'approche multifocal suppose la capacité de chacun, au sein du dispositif, d'analyser l'ambivalence des réactions et de ses relations aux autres. La multifocalité thérapeutique dessine l'espace d'un changement possible dont l'adolescent s'emparera peut-être comme de l'occasion d'un passage initiatique (par exemple les différentes clauses du « contrat de poids » proposé aux anorexiques hospitalisées introduisent à des phases successives de l'hospitalisation qui sont autant d'étapes dans la négociation d'une réadaptation qui ne soit pas une reddition mais au contraire une conquête). Elle représente ce que R. Kaës appelle transition de la groupalité originaire (où le sujet se trouve confondu avec les autres) au groupe familial puis aux groupes secondaires sociaux. Elle répète la dépendance envers les générations précédentes mais pour la surmonter.

Les règles concernant les dispositifs thérapeutiques peuvent, par leur rigidité même, fixer utilement une partie psychotique du patient parce qu'elles sont à la fois symboliques et symbiotiques (symboliques par leur présentification du registre surmoïque, symbiotiques par leur rigidité qui renvoie à des objets parentaux psychotisants).

Les institutions psychopédagogiques spécialisées pour adolescents cas limites et psychotiques constituent un bon exemple de multifocalité. La différence entre la fonction du psychiatre et celle de l'enseignant y favorise la conquête d'une autonomisation. L'enseignant présentifie un principe de référence symbolique et social, ce qui n'exclut pas qu'il puisse intervenir sur les processus de pensée de l'adolescent en élucidant avec celui-ci les distorsions de ses raisonnements et en soulignant les liens entre l'inhibition intellectuelle et le fonctionnement du système familial. La transmission des objets culturels aide l'adolescent à se séparer de ses premiers objets, l'accès à la culture introduit à un espace irréductible aux images fantasmatiques et aux pulsions. Avec l'adolescent psychotique (en particulier schizophrène), une situation pédagogique peut éveiller des potentialités plus limitées et restituer les mécanismes de symbolisation primaire (oppositions simples, logiques binaires, etc.), qu'il s'agisse d'un apprentissage technique utilisable dans une activité professionnelle, ou d'études sans terme délimité apportant une armature symbolique qui faisait défaut. L'adolescent, effrayé par des pensées « bizarres » suscitées par ses émois affectifs et sexuels pubertaires, peut réagir à la réussite d'un examen par une rupture dépressive ou par une exaltation maniaque parce qu'il se trouve alors confronté à ses désirs de toute-puissance, ce qui signe un épisode dépressif ou délirant qui pourra être résorbé dans le dispositif multifocal.

# Chapitre 5

## Passage adolescent, rituels d'initiation et crise de société

### I. SITUATION SOCIALE DE L'ADOLESCENCE

Pour l'historien Ph. Ariès, l'adolescence est un statut social qui n'apparaît qu'à la fin du XVIIIe siècle avec la conscription et le service militaire, et qui se consolide au XIXe siècle avec les progrès de la scolarisation. De la même manière, l'anthropologue M. Mead défend l'idée que l'adolescence est un fait de société (il n'y aurait pas, par exemple, d'adolescence aux îles Samoa). Mais on ne saurait réduire l'adolescence à un statut social, même s'il est vrai que dans les sociétés traditionnelles, les rituels d'initiation à l'âge adulte canalisent et répriment la crise d'opposition des adolescents aux adultes. Lorsque les rituels initiatiques ou leurs équivalents (conscription, première communion) disparaissent, l'adolescence émerge comme fait social sur le mode de la révolte ou de l'inversion des valeurs établies. Selon A. Birraux, « une société qui renonce à ses rites de passage adolescents signifie implicitement au jeune qu'il dérange », l'adulte ne soutient plus le jeune dans sa gestion de la puberté, le maintenant dans la dépendance (financière et de formation professionnelle) tout en prônant la nécessité d'une autonomie précoce. Ce paradoxe est révélateur de la difficulté des parents à désinvestir leurs enfants alors même qu'ils souhaitent les tenir à distance, en miroir du « second processus de séparation-individuation » des adolescents (*cf.* chap. 2, paragr. IV), processus au cours duquel le sujet se détache des images internes de ses parents pour élire de nouveaux objets d'investissement.

Adolescence ou « jeunesse » ? Époque de la vie ou appartenance à un groupe social ? La dénomination « jeune » renvoie à la notion de classe d'âge, celle d'adolescence à un processus déclenché par la puberté. Pour la sociologie, la jeunesse d'aujourd'hui n'est pas seulement une période de transition, mais un âge de la vie à part entière : le jeune n'est plus seulement « l'héritier » d'une tradition et d'un statut social (P. Bourdieu), c'est lui qui construit son destin (formation, orientation, prises de décision) dans le double passage de l'école à la vie professionnelle et de la famille d'origine à celle qu'il fondera. En Allemagne, en 1980, l'école et la formation occupaient 26 % d'une durée de vie ; en France, 27 % des jeunes de 25 ans vivent chez leurs parents. Par ailleurs, la vie solitaire, en groupe ou en couple non marié, devient le mode de vie dominant. La prolongation de la « jeunesse » donne le temps et la liberté pour choisir un partenaire et une phase d'expérience précède la vie de couple (marié ou non) avec enfants. Le projet de vie s'individualise de plus en plus, en même temps qu'augmente l'exigence d'un sens et d'une créativité dans l'activité professionnelle, alors même que la dépendance économique (et peut-être aussi culturelle) envers la génération des parents s'accentue.

En latin, *adolescens* est un participe présent et désigne celui qui et en train de grandir tandis que l'*adultus* est un participe passé et désigne celui qui a grandi. L'adulte est un adolescent achevé. Une autre étymologie latine voit dans l'*adolescens* celui qui s'enflamme (*adoleo* : faire brûler, consumer sur un autel) : l'adulte serait-il un adolescent revenu de ses élans passés avec ses ailes brûlées ?

Le droit ignore l'adolescence et se contente de distinguer les mineurs des majeurs. Récemment cependant, la loi donna obligation aux parents de donner à leurs enfants les moyens de poursuivre leurs études, ce qui renforce les prérogatives des jeunes adultes scolarisés tout en les enfermant dans une situation infantile. Qu'est-ce donc que l'accès à l'âge adulte ? L'accès à une vie amoureuse complète ? L'accès au travail et à un statut social ? Le travail tend à se substituer à la famille comme source de contrainte, la loi du patron succède à celle du père et pourtant la tutelle parentale est plus forte que jamais : il suffit de voir les parents se substituer à leurs enfants, par exemple faire la queue pour retirer les dossiers d'inscription à l'université ou donner leur caution pour la location d'un studio. L'école obligatoire a resserré les familles et retardé le mariage. Chaque enfant ayant plus de valeur en tant que tel, les familles sont moins nombreuses. Le mariage ne pouvait avoir lieu avant que l'avenir ne soit garanti. Mais on peut dire aussi qu'en prolongeant le statut d'« assisté », l'école retarde celui d'exploité. Les étudiants sont provisoirement protégés de l'exploitation et du chômage, on pourrait peut-être les appeler des « adultes adolescents » (O. Vallet). La fin de l'adolescence et la post-adolescence correspondent de ce point de vue à un « moratoire psychosocial » (E.-H. Erickson), période de suspens précédant l'entrée véritable dans la « vie active » adulte, qui permet la consolidation d'une identité stable. Cette période de suspens se veut protectrice, mais elle a aussi les caractères d'une période de passage initiatique difficile (ainsi les examens et concours désignent les élus et stigmatisent les maudits).

L'âge moyen du détenu français est d'environ vingt-huit ans et l'âge moyen du délit réprimé est légèrement inférieur à vingt-cinq ans (l'âge moyen du toxicomane incarcéré étant de vingt-quatre ans). 95 % des détenus sont des garçons, la dimension ithyphallique de l'affrontement à la loi ne fait aucun doute, mais la plupart de ces jeunes délinquants finissent par « se ranger » et la majorité des délits apparaissent donc comme des « péchés de jeunesse ». L'âge moyen des auteurs et des victimes d'accidents corporels (vingt-huit ans), majoritairement de sexe masculin est le même que celui des détenus. L'âge de dangerosité maximal (vingt-quatre ans) est aussi l'âge de la plus grande délinquance.

La notion d'« adultisation » (S. Lebovici) désigne un processus non datable ainsi que la dimension incontournable de la référence à la normalité dans le projet identificatoire et dans les possibles d'un adolescent. Le « roc sociologique » (O. Morvan et A.-M. Alléon) se dresse face à lui comme une réalité ultime et qu'il ne peut pas connaître, constituant un obstacle semblant insurmontable où il distingue mal ce qui relève des contraintes socio-économiques d'une adversité presque métaphysique du monde comme tel ou encore des inévitables limites qu'impose l'ordonnancement symbolique des relations humaines. L'adolescent est un révélateur de la crise du lien social (*cf.* chap. 5, paragr. V). Il interroge la légitimité des valeurs instituées transmises de génération en génération, inquiet face à ce qui lui apparaît inconnaissable ou étranger. L'écart entre les idéaux adolescents et le surmoi parental et socioculturel vient renforcer la culpabilité de vouloir éliminer les parents pour pouvoir grandir. L'angoisse de mort peut devenir étouffante (angoisse de mort des parents, mais aussi de soi à l'âge où, par excellence, on prend conscience de l'inéluctabilité de sa propre mort future).

L'effritement des appuis familiaux et collectifs, la fragilisation de la fonction paternelle, minent les fondements du surmoi de nombreux adolescents et jeunes adultes dans un vécu soit de culpabilité envahissante, soit de perversion et de psychopathie (*cf.* chap. 3, paragr. II). L'approche sociologique peut contribuer à éclairer certaines conduites pathologiques. On peut, par exemple, chercher à relier une pathologie de l'agir à un redoublement scolaire ou à une séparation parentale. Ou encore faire la statistique différentielle par sexe, âge et milieu social de la consommation de drogue ou des fugues, et bien sûr des comportements violents. On découvrira que les garçons adoptent plutôt des troubles de la conduite (de l'agir) et les filles des troubles corporalisés, ou qu'il existe des corrélations entre traîner dans la rue et absentéisme scolaire, tentative de suicide et consommation de drogue. Ce type d'approche mène à préconiser des mesures de prévention, mais lui échappe, par exemple, la violence silencieuse de la dépression qui précède la tentative de suicide. Les troubles psychiques à l'adolescence ne sont pas réductibles à leur contexte sociologique, même si une réflexion de fond sur la nature du lien social aujourd'hui peut permettre d'en repérer la dimension d'effet et de résonance des mutations culturelles et symboliques en cours.

On peut faire l'hypothèse que certaines conduites adolescentes seraient des substituts déqualifiés de l'initiation traditionnelle. Tout un versant de la symptomatologie adolescente (l'« à quoi bon » dépressif, la révolte et la marginalité voire la fierté « d'avoir la haine », mais aussi l'ascétisme et l'attaque contre le corps propre, et foncièrement une ambivalence massive envers autrui entre désir de s'autonomiser et besoin de dépendance) trahit en effet, comme par défaut, une exigence d'organisation symbolique de la relation d'objet, de la relation sociale et de la relation au monde. La *crise* adolescente, cet arrêt soudain du passage à l'âge adulte, définit souvent aujourd'hui non seulement une rupture ou une cassure du développement (*cf.* chap. 2) mais aussi un moment liminaire qui tend à s'éterniser en marginalité destructurée parce que le nécessaire abandon de l'identité infantile ne débouche pas sur une restructuration adulte : ce type d'arrêt semble alors répéter un rituel d'initiation empêché et dégradé en repli sur un fonctionnement narcissique de plus en plus délibidinalisé et mécanique. D'une façon plus générale, de nombreux comportements adolescents, pas nécessairement pathologiques, traduisent une recherche de la rencontre avec l'altérité et l'inconnu.

## II. LES RITUELS TRADITIONNELS D'INITIATION ET LEUR CRISE

La plupart des sociétés dites traditionnelles (notion regroupant les organisations sociales autres que modernes et occidentales) comportent des rituels codés, réglés et institués de passage de l'enfance à l'âge adulte autour de l'âge de la puberté mais n'y correspondent pas nécessairement. L'important est ici de souligner le caractère normé et officiel de l'accès au statut et à l'identité d'adulte. Les rituels d'initiation deviennent aujourd'hui des négociations ludiques dépourvues de règles établies, des parcours totalement individuels porteurs d'un sens existentiel (et échouant parfois dans le trouble psychique pathologique). Le caractère normé de l'initiation traditionnelle est protecteur parce qu'il est symbolisant et parce qu'il situe le sujet dans un système d'identifications et de repères cohérent et stable. Mais il est excessivement contraignant et ne laisse guère de place à l'expression du désir et de la créativité individuels : on ne saurait souhaiter un retour régressif à cette forme d'institution socio-symbolique du sujet humain.

Les anthropologues Van Gennep et Turner décrivent les rites traditionnels de passage vers le monde des adultes comme une phase de marge temporaire suivie d'une ré-agrégation au socius qui permettrait une séparation avec l'univers maternel. On peut dégager trois phases essentielles du schéma initiatique :

– la séparation avec le groupe familial,

– la phase de réclusion,

– le retour consacrant la réintégration dans la société lors d'une seconde naissance symbolique (les initiés sont souvent traités comme des bébés, ne reconnaissent plus les leurs et doivent refaire tous les apprentissages).

La phase liminaire ou de réclusion se situe dans l'ambiguïté et l'instabilité d'un ni ici, ni là, ce qui l'assimile à un danger (angoisse de mort ou de régression intra-utérine). Les procédures d'inversion et d'ascèse, l'uniformité du vêtement et de la coiffure, les attitudes de pénitence, les insultes et les agressions subies en silence, mettent en scène un *narcissisme négatif* de l'ensemble du groupe des adolescents où se dessine néanmoins en creux une positivité :

> La liminarité donne à penser que celui qui est grand ne pourrait pas être grand sans l'existence des petits, et il faut que celui qui est grand fasse l'expérience de ce que c'est d'être petit [...], le passage d'un statut moins élevé à un statut plus élevé se fait à travers les limbes d'une absence de statut.
>
> V.-W. Turner, *Le phénomène rituel, structure et contre-structure*, Paris, PUF, 1990.

Le style adolescent contemporain affiche spontanément lui aussi l'effacement des signes de toute différence (des sexes, des origines sociales) et vise un dénuement volontaire. Non pas l'absence de socialité mais peut-être bien l'essence de tout lien social dans une foule où l'anonymat asexué soumis à des règles d'abstinence, à des vexations et à des incisions rituelles, anticipe une souveraineté. Descente organisée vers une *prima materia* humaine : « Il faut montrer qu'en eux-mêmes et par eux-mêmes ils sont de la terre ou de la poussière, de la simple matière, sur laquelle la société appose une forme. »

La perte des identifications habituelles introduit à une réidentification à l'archaïque où il est difficile de faire la part de l'utile réappropriation des fondements de toute identité et de la dépersonnalisation névrotique, voire même d'un trouble profond de l'identité. Le caractère officiel et réglementé du rituel traditionnel contient la dimension pulsionnelle prohibée plus qu'elle en autorise l'expression (ainsi ce rituel où l'agir homosexuel prescrit entre un homme adulte et un adolescent transmet à celui-ci la virilité : la dimension pulsionnelle est ressaisie comme signification aussitôt qu'agie). Au contraire, les parcours individuels à visée initiatique des adolescents d'aujourd'hui sont parsemés de désymbolisations et parviennent difficilement à être réintégrés dans la dimension d'un récit mythique (la seule légende qui vaille semble parfois à l'adolescent reclus dans son trouble psychique l'affirmation au présent contre tout et tous, de son Je). B. Bettelheim a rapporté l'expérience de l'École orthogénique de Chicago où l'on cherchait à reformer des sortes de rituels à visée thérapeutique pour de jeunes adolescents psychotiques lorsque l'on s'était rendu compte qu'ils avaient spontanément créé un rituel assez ressemblant à celui de la subincision : garçons et filles, en une société secrète, se faisaient des entailles et mélangeaient leur sang, pour retrouver quelque chose de l'autre sexe, et pour chercher à symboliser, au-delà de l'angoisse de castration, une violence que seul un geste sacrificiel pouvait conjurer.

T. Reik propose une approche psychanalytique des rituels de passage en y repérant un jeu entre le complexe d'Œdipe des adolescents et le complexe d'Œdipe des parents confrontés à la rivalité des adolescents (*cf.* chap. 1, paragr. IV), ce qui introduit à une dialectique intergénérationnelle qui n'est pas exempte de violence (dans le rituel de passage, la rivalité entre adultes et adolescents peut parfois mener à des agressions mettant en danger la vie de ceux-ci). Pour Reik, le rituel est autant d'initiation que de passage, il dramatise une véritable mort-résurrection autant qu'il met en scène le conflit entre fils et pères. L'initiation apparaît comme un mythe du moi et de son auto-engendrement, mais elle est aussi une vraie refondation subjective. Considérons par exemple le rituel de la subincision du pénis qui inscrit un trait féminin sur et dans le corps du garçon pour exorciser le danger de castration mais aussi pour s'approprier la valeur du féminin. Il réalise un compromis entre revendication d'une identité masculine et soumission homosexuelle à une figure paternelle. Il est efficace parce qu'il unifie deux logiques (le complexe de castration et l'antinomie entre identité masculine et féminine d'une part, la bisexualité et l'envie pour la féminité d'autre part). C'est peut-être ce qui fait défaut à certains adolescents d'aujourd'hui, lorsqu'ils refusent violemment d'abandonner la plénitude bisexuelle de l'enfance (c'est alors le *breakdown* ; *cf.* chap. 2, paragr. III) ou lorsque la passivité leur est si intolérable qu'ils s'en défendent par une tentative de suicide (*cf.* chap. 3, paragr. II, 4). L'interprétation psychanalytique met l'accent sur la symbolisation du complexe d'Œdipe, l'anthropologie sociale étudie surtout les différentes formes de symbolisation de la violence antisociale. Ces deux approches se rejoignent pour souligner l'importance du fantasme de mort/résurrection et la nécessité de canaliser, maîtriser et symboliser la violence. Lorsque l'ethnologue L. De Heusch analyse un rituel d'initiation royale africain où le jeune candidat au trône simule en public une relation sexuelle avec une femme proche de sa mère (sœur, amie, suivante), il ne méconnaît pas la signification incestueuse mais s'intéresse surtout au fait que le déplacement « juste à côté » produit une valeur sociale ajoutée (autrement dit ce type d'inhibition du but de la pulsion où Freud voyait le ciment de la civilisation). L'anthropologie sociale nous apprend que la subjectivation humaine exorcise l'animalité par l'invention des rituels sacrificiels, et la psychanalyse que le symptôme correspond à un échec de la métaphorisation de la violence pulsionnelle. Le rituel de passage de l'enfance à l'âge adulte est aussi un arrachement qui transforme le vécu corporel en système de signes. De ce point de vue, il y a circularité entre fantasme et mythe (J.-P. Valabréga), le complexe d'Œdipe individuel ne pouvant que s'inscrire dans une chaîne plus universelle. Le symbole émerge d'une matrice où le singulier et l'universel, le sujet, l'objet et le monde, sont partiellement indistincts. Cette indistinction prépare le terrain pour les rationalisations de l'irrationnel si fréquentes dans les idéologies et les esthétiques des adolescents. L'engouement adolescent pour des croyances baroques ou vides de tout contenu consistant vise peut-être l'inconnu comme tel au-delà d'un enfermement dans ce que Freud désignait comme « religion privée » lorsqu'il parlait de la névrose. On peut en effet établir une analogie entre le cérémonial névrotique (par exemple celui de la névrose obsessionnelle) et la ritualité religieuse. L'équation freudienne névrose obsessionnelle = religion privée tend à expliquer la ritualité sociale de la pratique religieuse par le contenu fantasmatique pulsionnel inconscient de la névrose, mais en fait celle-ci ne possède pas, selon Freud, l'organisation symbolique forte de la pratique religieuse, elle n'en n'est qu'une version dégradée. En effet le cérémonial névrotique est solitaire ; il semble dénué de sens et correspond à un repli narcissique par rapport au caractère collectif du cérémonial religieux. On peut mettre en relation ce propos sur la positivité des rituels collectifs par rapport aux rituels privés pathologiques avec ce que dit Winnicott de l'espace transitionnel comme porteur des faits culturels parce qu'intermédiaire entre le psychisme intérieur et la réalité extérieure (ce qui est peut-être une métaphore du passage adolescent de la névrose infantile à l'assomption relationnelle des identifications œdipiennes).

## III. L'INITIATION ADOLESCENTE AUJOURD'HUI

La dialectique du rituel traditionnel de passage de l'enfance à l'âge adulte qui fait succéder une restructuration à la mise en scène d'une contre-structure, semble remplacée aujourd'hui par un certain ludisme qui négocie l'intégration prochaine à l'ordre social. Il ne s'agit plus désormais de rituels institués et réglementés mais plutôt de l'invention permanente et foisonnante des modalités multiples et changeantes du « passage » au sein d'une société elle-même plus complexe et à la recherche de nouveaux modèles culturels. Il faut « prendre la parole », exprimer son individualité dans une adresse à des adultes qui sauraient répondre. La rébellion sollicite inconsciemment l'avènement si ce n'est d'un ordre du moins d'une autorité légitime, mais la « réponse » ne saurait consister ici en un pédagogisme simpliste consistant à jouer le rôle de l'adulte non défaillant, dans l'oubli que la fonction parentale est aussi la capacité à se tenir en retrait pour permettre à l'enfant et à l'adolescent la bonne tenue de sa position de sujet.

D. Marcelli fait l'hypothèse que « les sociétés occidentales n'offrant plus de modèle implicitement accepté par une large majorité, chaque famille doit "bricoler" ses propres rites de passage », de sorte que « c'est aux adolescents eux-mêmes qu'il revient de marquer leurs corps, mais avec tous les excès et les dérapages que cela implique ». L'initiation se métamorphoserait en sentiment de crise partagé par l'adolescent et sa famille. L'attente de cette crise, puis sa gestion, seraient « un équivalent de rite initiatique subtil dont l'objectif psychologique est d'accentuer l'individualité », à ceci près que le passage n'est pas scandé par des phases précises et ne comporte pas de terme défini. À l'image d'une société contemporaine « où la norme semble plutôt être la dispersion et la différenciation apparente entre individus », les rituels de passage adolescents sont variés, souples, évolutifs. D'un point de vue anthropologique, il ne s'agit pas de vrais rituels d'initiation dès lors qu'ils sont privés de la dimension de relation au divin supra-humain. Mais pour la sociologie, l'aspect formel du rite a moins d'importance que sa signification sociale qui est celle d'une éducation de l'enfant dont il s'agit de faire un adulte ainsi que celle d'une transmission intergénérationnelle de la culture.

L'accent mis sur l'immaturité et la fragilité des adolescents, l'inquiétude du discours social sur l'adolescence, ne sont sans doute pas sans avoir d'effets sur la façon dont les adolescents mettent en avant et rendent publiques leurs difficultés. Ce qui est en jeu ici est la relation de différence mais aussi d'identification des adultes aux adolescents. Par ailleurs, le contexte socio-historique rendant l'entrée dans la vie sociale adulte moins assurée et moins définie, on serait tenté d'expliquer la fréquence des troubles psychiques graves à l'adolescence par l'impact psychologique de ce contexte. La menace d'exclusion sociale, la difficulté à concevoir une carrière, renforcent certainement la dimension de destructuration du rituel de passage et favorisent une *adolescence interminable.* Tout sujet investit son activité professionnelle comme ce qui lui reconnaît une capacité à fournir une utilité et une valeur sociales (d'où la désorganisation du chômeur non seulement « exclu » et laissé de côté, mais qui plus est, privé de la possibilité de faire la preuve de sa capacité à produire de la valeur sociale). L'adolescent et le jeune adulte, face à la perspective d'un chômage futur ou d'un emploi ne correspondant pas à leurs études, anticipent l'attitude défensive du salarié qui se réduit lui-même à une force de travail anonyme pour que cela tienne et continue à tenir, parce que cette situation vaut mieux que la détresse de l'« exclusion » sociale. Le lien social comme tel est un organisateur du psychisme, au même titre que l'identification et que la relation d'objet. Il participe à la fois de la satisfaction pulsionnelle (certes inhibée quant au but) par sa dimension de mise en relation avec autrui, et de la fonction symbolique par sa dimension culturelle et cognitive. Dans le lien social, un sujet accède aux points de repères symboliques nécessaires à son équilibre psychique par la médiation de la présence perceptive d'autrui. Or dans les pathologies psychotiques (*cf.* chap. 4) ou cas limites (*cf.* chap. 3) se joue l'accès à l'autre ou au contraire le repli sur un narcissisme dévitalisé : le « passage adolescent » a peut-être surtout pour enjeu aujourd'hui cet accès ou ce repli, ce qui se négocie dans les relations d'objet fondamentales mais aussi dans les difficultés de l'intégration sociale.

Si désormais l'initiation adolescente se « bricole » au cas par cas dans un vécu de crise familiale, s'il lui faut des marques tangibles de traversée d'une expérience difficile et douloureuse, alors on ne s'étonnera pas qu'une dimension psychopathologique puisse l'accompagner, voire même parfois que la plongée dans une symptomatologie grave puisse prendre valeur de passage initiatique aux yeux du sujet.

Prenons l'exemple tout à fait ordinaire (et ne comportant pas nécessairement de dimension pathologique) de la relation des adolescents au vêtement. D'un côté, on observe une grande liberté vestimentaire, de l'autre la « fringue » devient l'indice identificatoire contraignant de groupes sectaires inventant en permanence des modes nouvelles. Le vêtement prend une valeur protectrice de seconde peau garante d'une identité de surface dans la soumission aux modèles des autres. La contradiction entre anticonformisme et quête de normativité identitaire produit un style excentrique (transpirer l'été dans des vêtements trop chauds et inversement se geler en hiver, porter des jeans volontairement troués ou des dentelles quasi séculaires, etc.) et parfois fétichique (tatouages, piercing, crête colorée du cheveu). La parure nie le manque et affirme une toute-puissance, mais sur fond d'insécurité. On peut y voir un rituel spontané de passage.

Les contre-cultures rock, punk, tag ou rap réhabilitent les marques sensorielles et corporelles de l'identité (gestes, parures, tatouages – mais aussi souffle, cri et production d'un néo-langage). Le sociologue C. Rivière observe que le style punk comporte des analogies avec les rituels primitifs et de nombreux symboles de mutation symbolique de la faiblesse en force personnelle et sociale : le marquage coloré est rite d'élévation de statut, la crinière-cimier tentative d'identification à une figure phallique totémique. Le style punk peut ainsi procurer une certaine organisation symbolique du psychisme, mais demeure au niveau d'un imaginaire inconscient dépendant d'un symbolisme rudimentaire. Du reste, l'exhibition des traits outranciers de la différence avec les adultes et avec les autres adolescents n'est peut-être qu'une mode. L'inscription d'une griffe pour rendre visible l'identité cherche-t-elle surtout à revendiquer un accès à la culture ? ou relève-t-elle d'un trouble narcissique et de la quête d'une nomination patronymique dans le trait du tag ou dans un code secret ? Dans le rap, la violence du contenu est explicite (NTM : Niques ta mère – mais aussi la police, on l'a vu lors des démêlées de ce groupe rap avec la justice). Mais la réitération des termes violents et excitants, par sa rythmicité et sa dimension incantatoire, finit par hystériser la pulsionnalité pubertaire en début de poésie (Ph. Givre et F. Marty). On peut aussi y voir un appel désespéré à une autorité surmoïque légitime par la provocation, et la reconstitution d'un surmoi par le passage de la destructuration délibérée à une expression socialement admise. L'histrionisme, la « bouffonnerie » veulent agresser haineusement des images parentales rendues grotesques. Toujours au bord de l'acte, le rap maintient l'ambiguïté sur son suspens ou son déferlement. Le mot d'ordre est-il l'inceste ou bien au contraire celui-ci est-il banalisé dans le discours pour être mieux refoulé ou du moins clivé entre thème intellectuel et pulsion ? S'agissait-il de pousser les jeunes à s'en prendre à la police ou d'une simple rhétorique de la révolte ? L'agir sera-t-il suspendu ou pas ? La langue rap porte en elle l'excitation avec son rythme basique, massif et lourd, à la fois représentation de la répétition pulsionnelle et obsessionnalité assommante. Sur ce fond, une parole articule une autobiographie, dresse fièrement un nom, crée des mots inédits et secrets. Au plus près du réel pulsionnel pubertaire et des agirs possibles menaçants, une symbolisation inédite refuse les canons habituels de l'esthétique.

Réfléchissons à l'étonnante expression utilisée par les adolescents révoltés des banlieues : « avoir la haine ». Cette haine semble sans objet précis ou bien tellement prégnante qu'elle peut concerner, dans sa rage, tous les objets possibles et peut-être par excellence le sujet, haineux de lui-même. On peut légitimement penser qu'en fait la haine s'adresse à des objets fondamentaux ; il n'en reste pas moins que la formulation indique : c'est la haine qui est devenue l'objet, et que le sujet, possédé par cette haine, ne détient plus aucun autre objet qu'elle. Il s'en nourrit, en fait sa consistance, son emblème, sa raison d'être – au moins, « il a raison », croit-il. « J'ai la haine » se conjugue à la première personne, un point c'est tout, l'objet semble avoir disparu. Mais ce type de passion narcissique négocie avec ce qu'elle rejette. La haine ayant besoin d'un objet relativement stable et défini, elle le créera. Les conduites adolescentes violentes retrouvent ainsi paradoxalement l'objet d'une relation possible, leur refus de la réconciliation intersubjective invente l'interlocuteur dans la négativité (*cf.* chap. 3, paragr. II, 3).

## IV. CONDUITES À RISQUES ET MÉTAPHORE ORDALIQUE

C.-A. Nicolas et M. Vasseur ont parlé de « métaphore ordalique » à propos des conduites de certains toxicomanes prenant un risque de mort par overdose ou par contamination du Sida dans le but inconscient et parfois conscient de traverser une épreuve de jugement « ordalique » (où c'est le divin supra-humain – ou le hasard prenant sa place – qui décidera de l'issue en tout ou rien : la vie et le salut, ou bien la mort et la condamnation). D'une façon plus générale, toutes les conduites adolescentes comportant un risque de mort (et singulièrement la tentative de suicide, *cf.* chap. 3) peuvent être comprises comme un jeu « à la roulette russe », comme des rituels ordaliques sauvages dont l'enjeu serait à la fois la preuve à faire d'une force et d'une endurance, le dépassement d'une angoisse de castration et de mort et l'atténuation d'un sentiment de culpabilité (dans un rituel ordalique grec ancien, l'abandon en pleine mer sur un frêle esquif d'un enfant et de sa mère soupçonnée de l'avoir conçu avec un autre homme que le père désigné comme légitime pouvait se conclure aussi bien par leur trépas, preuve de culpabilité, que par leur survie, preuve d'innocence). Les risques réels pris par certains adolescents semblent garantir le caractère authentique d'un jugement ordalique, entre immobilisation fatale et franchissement victorieux. Même dans l'état de repli le plus inquiétant, autrui et l'objet des pulsions demeurent investis : l'enfermement autarcique veut nier toute relation certes, mais espère tout autant une issue heureuse de l'épreuve ordalique inconsciemment auto-imposée.

Aussi bien dans la conception de Laufer sur le *breakdown* que dans une compréhension en termes de métaphore ordalique, l'angoisse de castration s'exprime comme une angoisse de mort accompagnée d'un discours volontiers nihiliste. Ce que l'on appelle les *conduites à risques* sont exemplaires d'un tel mélange et d'une telle intrication entre angoisse de castration et angoisse de mort, donnant lieu à une angoisse (narcissique) d'anéantissement du moi tout entier. Dans les conduites à risques contemporaines, à la différence des ordalies traditionnelles réglementées, c'est l'individu solitaire qui s'engage, hors toute juridiction et institution sociale, dans des épreuves comportant de façon prévisible ou non des risques de mort. Par exemple, l'accident de voiture ou de moto, l'overdose de drogue, certaines épreuves d'endurance (sportives, ou résultant d'un défi à surmonter ou d'une errance comportant la rencontre de dangers inconnus), la recherche de situations limites (excès érotique, violence relationnelle), la violence antisociale, la tentative de suicide. Dans la conduite à risque, le sujet cherche la rencontre avec autrui et une révélation de sa vérité subjective par le truchement d'une expérience de l'abjection où le moi est profondément ébranlé. Tout s'y passe comme si la vérité subjective ne pouvait se toucher que par un échange sauvage, hors-discours, avec le monde des pulsions et de la Nature. L'authenticité et la communication vraie avec autrui ne s'atteindraient qu'au prix d'une épreuve *réelle* (supposant soit le risque de mort, soit celui d'une atteinte profonde du moi par l'informe et par l'ignoble). Il s'agit bien sûr ici des conduites à risques qui débouchent sur un renforcement du moi endurci par l'épreuve (et ayant parcouru la logique du négatif jusqu'à la négation finale du négatif). Il faut les distinguer des réactions défensives à des formes de violence imposées de l'extérieur, telle la délinquance « juvénile » qui submerge certaines banlieues ou certains pays (où le contexte socio-économique est largement en cause), ou tel le trauma de sujets jeunes plongés dans des guerres civiles ou ethniques. Un contexte social violent n'est pas sans avoir d'effets sur les conduites à risques à visée ordalique et initiatique, il les infléchit en direction de pratiques hors limite, dépourvues de sens et de croyances en la possibilité même d'un sens.

Dans une ordalie, le divin est sollicité, mais il est aussi défié. En ce sens, les conduites à risques relèvent d'un défi pervers à l'autorité et à la loi, alors que la dépendance régressive traduit plutôt un évitement par rapport aux fantasmes pervers. Mais qu'il s'agisse de conduite ordalique ou de relation addictive, c'est d'une lutte incessante contre la dépression dont il s'agit (J. Bergeret).

S'éclater jusqu'à en claquer, la seule limite est alors soi-même, c'est ce que certains adolescents expérimentent tout en ne le supportant pas. Le sociologue P. Baudry propose la notion de « rituel détraqué ». Contre la pression sociale moderne en faveur d'une vie toujours plus intense et plus saine, surgirait un détraquement violent et incontrôlable : accidents dans la confrontation à la haute montagne, dans des exercices de « saut à l'élastique », lors d'épreuves comme le rallye Paris-Dakar ; usage de dopants (excitants, tabac, alcool, vitamines, médicaments psychotropes) ; sexualité et relation au travail « addictives », etc. Dans ces situations, l'aventure et la quête de l'extrême donnent à voir une libératrice fusion avec l'originaire, mais demeurent néanmoins bloquées au niveau d'un « détraquement » individuel, c'est-à-dire au niveau de la répétition d'un imaginaire sadomasochique. On peut différencier trois types de conduites à risques adolescentes : celles qui introduisent à l'altérité et à une restructuration, celles que P. Baudry nomme « rituels détraqués » et qui restent bloquées dans le moment du défi et du négatif, et enfin les pratiques hors toute limite relevant de la problématique de la psychose. N'idéalisons pas les stéréotypes du discours nihiliste contemporain : le détraquement et l'installation durable *dans* la limite elle-même (ce qui n'est pas la même chose que son franchissement transgressif ponctuel), ne sont pas toujours l'occasion d'une rencontre avec l'altérité et d'une restructuration. Il faut récuser l'idéalisation des conduites à risques comme esthétiquement « sublimes » parce qu'il n'est pas sûr du tout qu'à tous les coups « qui perd gagne ».

Du point de vue psychopathologique, il faut pouvoir ici penser en même temps la dimension symboligène de la confrontation avec le risque de mort, l'adresse à l'Autre qui la caractérise, la fuite dans la fusion psychique avec l'objet interne archaïque maternel, ainsi qu'une dimension de l'agir valant plus pour lui-même que pour le sens qu'il vise cependant. Ce qui unifie ces aspects, c'est le narcissisme : l'épreuve cherche le passage vers une nouvelle naissance symbolique dans l'ivresse pulsionnelle induite par un vécu de morcellement passager du moi centré sur les éprouvés de son corps. La tentative de rencontrer l'Autre dans une démarche solitaire procure la jouissance narcissique de l'instant, fortement teintée de masochisme. Un principe d'excitation et d'intensité sensorielle (ni le plaisir, ni exactement le déplaisir) semble l'emporter sur le principe de plaisir. La conduite à risque relève de ce point de vue de la problématique du traumatisme régi par un principe de répétition qui cherche à maîtriser après-coup les effets désorganisateurs du traumatisme mais qui tend aussi paradoxalement à les ré-expérimenter dans son attrait pour l'intensité des perceptions propres au moment traumatique. Entre orgueil et humiliation, toute-puissance et impuissance, une représentation d'un soi avili et détruit s'y oppose à une croyance en un soi futur idéal, totalement métamorphosé ou rendu à sa vérité profonde. Car il y a l'exploit dont on est fier, il y a aussi la honte à plonger dans des excès socialement stigmatisés (alcoolisme, toxicomanie, délinquance, sexualités déviantes, etc.).

Dans l'après-coup, la conduite à risque et la crise psychopathologique peuvent devenir les arguments d'un discours explicatif tenu aux autres. « On s'en est sorti » : il était une fois un « avant » fondateur, certes négatif, sans doute fou, mais on ne le rejette pas totalement, au contraire, on en fait une partie de soi. « On y croit » sans pouvoir expliciter le contenu d'une telle croyance. « On a touché le fond » et ensuite on a rebondi, un héros est né de la déchéance. Il y a ceux qui cherchent le « hors de soi » et mettent leur corps à l'épreuve, il y a ceux qui cherchent à y échapper « par le bas » dans le repli dépressif et le suicide, et puis il y a tous ceux qui recourent à des idéologies ou à des croyances, entre néo-mysticismes et mythe de la nature retrouvée. La conduite à risque produit une métamorphose du moi, quelqu'un qui n'est plus le même tout en restant lui-même, étonné d'être toujours là, dans ce corps-là, marqué par la puberté, dans la certitude désormais que l'on n'échappe pas au lieu du moi. Dans le « passage » initiatique adolescent, le moi accélère sa marche à l'aveuglette dans son anticipation de soi au futur.

Il existe, dans le mélange de la vie et de la mort, dans la vie même que représente la conduite à risque, deux logiques :

– l'exhibition narcissique d'une toute-puissance (imaginaire) qui tourne à l'autodestruction, paradoxalement dans une croyance (illusoire) en l'immortalité de soi ;

– la reconnaissance des limites de soi et l'amorce d'une subjectivation dans le deuil de la toute-puissance imaginaire où le sujet se croyait capable de surmonter tous les risques.

La première de ces logiques mène tout droit à une spirale d'aggravation de la pathologie et à une mise en échec de la prise en charge thérapeutique, dont le sens profond est celui d'une répétition de la situation primitive infantile de carence de l'environnement (Winnicott), l'impuissance des psychologues et des psychiatres à aider le sujet « prouvant » et signant après-coup les défauts (et les « fautes ») de l'environnement parental (essentiellement maternel) de l'enfance. La stratégie thérapeutique devra alors favoriser un mouvement vers l'indépendance qui s'accompagne d'un réinvestissement d'autrui et de la vie pulsionnelle. Un dispositif clinique « multifocal » (*cf.* chap. 4) permettra au mieux une reconquête du plaisir (narcissique et auto-érotique) d'exister en fournissant des occasions de perceptions et de relations différenciées. La conduite à risque est moins un acte de rupture qu'une forme extrême de relation (où le relationnel est ressenti comme excessif et traumatique) ce qui l'apparente plus, d'un point de vue nosologique, à une pathologie cas limite (*cf.* chap. 3) que psychotique.

## V. CRÉATIVITÉ ADOLESCENTE ET NOUVEAU MALAISE DANS LA CIVILISATION

Les troubles psychiques à l'adolescence sont exemplaires des évolutions actuelles des difficultés psychologiques de tout un chacun, quel que soit son âge, dans le contexte d'une société et d'une culture en crise. S'y dévoile en effet une « mélancolisation du lien social » (M. Cadoret, O. Douville), c'est-à-dire un mouvement dépressif de fond, certes induit par des conflits psychiques purement individuels, mais toujours ressenti comme indissociable d'une perception du monde externe comme souffrant d'un délitement du sens et d'une menaçante désorganisation symbolique. Dans les troubles psychiques à l'adolescence, lien à l'objet des pulsions et lien social deviennent indistincts, la « désobjectalisation » (A. Green) et le désinvestissement libidinal menant tout droit à ce que le sociologue E. Durkheim appelait « anomie sociale ». Si les questions que posent les adolescents sur l'existence et leur contestation des déficits de l'organisation sociale se situent essentiellement au niveau du discours et de la signification, elles traduisent des affects et des émotions extrêmement intenses. Ils se considèrent alors comme devant témoigner d'une vérité qui risquerait sinon d'être oubliée. Le moment initiatique représente à cet égard une quête d'une vérité qui ne décevrait pas, d'une vérité grandiose et sublime. Cette dimension idéalisante rationalise sans doute des angoisses (narcissiques et de castration), mais elle est aussi à l'image de l'actuel « malaise dans la civilisation », tout en retrouvant l'universalité du tragique œdipien classique : un sujet humain se confronte aux interdits et aux périls, doit répondre aux questions fondamentales qui mettent sa vie enjeu, tel Œdipe dans le mythe grec, jeune adulte post-adolescent lancé à la conquête du pouvoir, tuant son père et épousant sa mère sans le savoir et triomphant du Sphinx par sa seule intelligence, d'un seul geste d'auto-désignation : *moi* (lorsqu'il su répondre à sa question : « Quel est l'être qui marche le matin à quatre pattes, à midi sur deux et le soir sur trois » – la réponse étant : l'Homme).

L'auto-engendrement visé par les conduites ordaliques de certains adolescents introduit sans doute à une rencontre avec l'altérité et l'inconnu, mais par son caractère narcissique il tend aussi à éviter le difficile travail psychique de résolution du complexe d'Œdipe ainsi que la confrontation avec l'objet sexuel complémentaire. L'initiation est un mythe narcissique grâce auquel l'adolescent refoule utilement la proximité alarmante de l'objet incestueux et le risque de « folie pubertaire » (*cf.* chap. 1, paragr. II).

L'idéal d'auto-engendrement voudrait se substituer à la traditionnelle succession des anciens et des héritiers. Tout se passe comme si le schéma traditionnel de transmission intergénérationnelle, mis en crise, attaqué, nié, menait à nouveau et encore vers le sens, mais désormais sur le mode de l'inconclusion en une sorte de « transition sans fin », comme le dit le philosophe Paul Ricœur, où les grands récits de légitimation laissent la place à la « condition post-moderne » (Jean-François Lyotard) d'un sujet livré à un questionnement sans réponse et à une intensification de son expérience singulière dans un sentiment de discordance. Si, d'un côté, le lien entre générations et la référence à l'histoire passée s'affaiblissent, d'un autre côté le sentiment de singularité subjective et l'exigence d'éthique sont renforcées. Le retour au sens ancien du tragique et à l'enthousiasme poétique (nous venons tous après Arthur Rimbaud et son geste ne se laisse pas imiter) n'est plus possible. L'adolescence se traverse désormais dans le désenchantement de se découvrir anonyme dans une société de masse. Mais les expériences limites à l'adolescence fournissent des éléments susceptibles d'être organisés en nouveaux récits mythiques : le changement s'accélère, l'autorité des acquis de la tradition s'effrite, et l'on ne croit plus guère au progrès ; oubli du passé et pas de futur, mot d'ordre d'une modernité mélancolique, mythe sans distance ni extériorité, mais *mythe tout de même.*

Du point de vue de la psychopathologie, attribuer les troubles psychiques au malaise socioculturel peut être interprété comme une projection de l'intérieur vers l'extérieur, le sujet ressentant ce qui provient de son inconscient comme provenant du contexte externe. La situation est en fait plus complexe : les troubles psychiques des adolescents se caractérisent souvent par une indistinction entre ce qui s'origine de l'intérieur et de l'extérieur. La pensée est alors en jeu, à l'intersection du conscient et de l'inconscient, ainsi que du dedans et du dehors (*cf.* A. Green), c'est-à-dire précisément dans un espace de crise dont on ne sait s'il concerne le seul individu ou bien aussi la qualité du lien social que le sujet accuse de l'asphyxier et même de « désirer » l'état d'insatisfaction dont il se plaint : on tend spontanément à donner raison à ce discours, tout en ayant l'impression que la plainte cache la « jouissance » masochiste d'un non-plaisir (ou d'un refus du plaisir), de sorte qu'on ne sait plus alors si l'environnement est vraiment en cause. La dénonciation d'une société malade est utilisable à des fins de narcissisation, la souffrance se voyant esthétisée en pose sacrificielle et en dolorisme confrontés à une adversité généralisée (hostilité foncière supposée de la réalité du monde mais aussi de l'objet de la pulsion). L'adolescent ne démord pas de son discours qui met toute la difficulté au compte de l'Autre, alors que dans le même temps il est attiré par une tendance au repli dépressif et au désinvestissement du monde extérieur. La prédisposition à la dépression et au repli se voit renforcée par les phénomènes de déliaison sociale et culturelle qui diminue la cohérence et l'attrait des objets externes. Cette double causalité est ressentie comme n'en faisant qu'une dans un vécu psychique typique de l'adolescence mais aussi exemplaire du style contemporain de la relation de tout sujet à son monde. Winnicott pense que la dépression alimente de son énergie latente la créativité culturelle. On peut considérer que les troubles psychiques à l'adolescence, dont la dépression est l'axe, sont susceptibles de contribuer à l'émergence d'un espace intermédiaire entre les conflits psychiques individuels et l'univers symbolique propre à une époque. Au cœur de la négativité qui caractérise les pathologies, les comportements et les discours des adolescents, insiste une exigence de mise en sens et de lien social.

Dans *Malaise dans la civilisation*, Freud se demandait si c'était l'excès des interdits qui produisait l'inhibition névrotique des pulsions ou bien si au contraire c'était celle-ci qui renforçait la sévérité des interdits (le surmoi s'alimentant de l'énergie dérivée des pulsions insatisfaites, de sorte que la sublimation risque de devenir mortifère et ne constitue plus une solution). C'est dans le droit fil de la pensée de ce paradoxe qu'il souligne, se référant à *Jeunesse à l'abandon* de Aichorn, qu'un positionnement trop faible du père peut induire aussi bien un surmoi excessivement rigide et sévère (compensateur de la fonction paternelle fragilisée), que des conduites hors toute limite, selon qu'il y aura eu ou non amour : « Le père excessivement faible et indulgent deviendra chez l'enfant un facteur occasionnant la formation d'un surmoi excessivement sévère, parce qu'il ne reste à l'enfant sous l'impression de l'amour qu'il reçoit, aucune autre issue pour son agression que de la tourner vers l'intérieur. Chez l'enfant à l'abandon qui a été éduqué sans amour, la tension entre moi et surmoi disparaît, toute son agression peut s'orienter vers l'extérieur ». Si la crainte de perdre l'amour est à l'origine de l'acceptation des exigences du surmoi, le manque d'amour désagrège le surmoi et livre le moi à l'agressivité contre l'autorité qui le frustre. Description tout à fait actuelle de ces adolescents d'aujourd'hui qui provoquent par leurs conduites des interventions répressives de la société mais qui surtout, sans doute, manquent d'amour, et aux yeux desquels c'est la société toute entière qui incarne « le triste rôle de l'autorité ainsi abaissée – celui du père. »

La fonction paternelle étaye le « surmoi culturel », qu'il faut distinguer, avec G. Diatkine du surmoi, de l'idéal du moi et du moi idéal : le surmoi culturel fixe à chaque instant pour le sujet ce qui est « bon » et ce qui est « mauvais » pour se sentir membre de sa famille et de son groupe social, mais si un personnage parental se comporte de façon contradictoire avec ce surmoi culturel (soit par une brutalité traumatique, soit par défaillance à tenir sa place) alors celui-ci risque de voler en éclats.

Les mutations socioculturelles et les décalages intergénérationnels qu'elles suscitent peuvent être interrogés dans leurs effets sur les adolescents, sans que l'on verse pour autant dans l'erreur de méthode « culturaliste » qui réduit les troubles psychiques à la psychologie sociale du moi et de son adaptation optimale. Le sujet adolescent maintient le lien, alors qu'il est travaillé par un mouvement dépressif de fond, mais, à l'inverse, lorsqu'il a cédé à la tendance au repli, une potentialité relationnelle forte subsiste. On conçoit donc l'importance des réponses apportées par l'environnement (P. Jeammet) et le rôle prépondérant de la défense par la projection, le sujet collant tellement par exemple à l'actualité des événements qu'il semble s'y résorber. La référence au social équivaut ainsi souvent à une méconnaissance de l'historicité vraie (laquelle suppose un sentiment de distanciation).

On l'a vu, de nombreux adolescents mélangent pathologie et quête initiatique, dans un « passage » qui métamorphose une destructuration en restructuration. La créativité culturelle des adolescents est aujourd'hui marquée par le sceau d'une certaine négativité et par une « esthétique du sublime » propre à la crise de la modernité. Dans le sentiment du sublime, l'être tout entier est ébranlé (mais de façon enrichissante) par l'effroi devant la grandiosité du monde, dans un mélange d'attrait et de répulsion, de vif plaisir et de blocage des forces vitales. L'objet y est grand, spectaculaire, colossal, mais aussi informe et irreprésentable, voire même laid. L'imagination tente de saisir une quantité qui la dépasse, et cet effort la déporte vers un sentiment d'abîme et de risque d'anéantissement. L'esthétique se revendiquera ici comme anti-esthétique, d'où une recherche fréquente de la dysharmonie choquante (par exemple du vêtement). L'esthétique adolescente valorise à la fois le sublime et le négatif, et développe volontiers une thématique nihiliste. On peut ici évoquer la vie et les romans de Valérie Valère, adolescente anorexique qui s'est finalement suicidée après avoir rendu compte de son expérience psychopathologique dans une écriture habitée par l'obsession de la mort et la recherche de métaphores propres à métaboliser un sentiment d'horreur en formes symboliquement purifiées.

# Bibliographie

Revue *Adolescence*, Éditions GREUPP, 9 rue Vaneau, 75007 Paris, deux numéros thématiques par an, directeur de la publication : P. Gutton.

*Adolescence et psychanalyse : une histoire*, sous la direction de M. PERRET-CATIPOVIC et F. LADAME, Delachaux et Niestlé, Lausanne, Paris, 1997 ; textes de P. BLOS, R. CAHN, A. FREUD, S. FREUD, P. GUTTON, E. KESTEMBERG, F. LADAME, J. LAMPF DE GROOT, M. LAUFFER, M. PERRET-CATIPOVIC.

ALLÉON A.-M., MORVAN O., LEBOVICI S. (1985). *Adolescence terminée, adolescence interminable*, Paris, PUF.

AULAGNIER P. (1984). « Telle une zone sinistrée », *Adolescence*, II/1, p. 9-21.

AULAGNIER P. (1989). « Se construire un passé », *Journal de la psychanalyse de l'enfant*, n° 7, p. 191-220.

BIRRAUX A. (1994). *L'adolescent face à son corps*, Paris, Bayard.

BERGERET J. (en coll. avec M. FAIN et M. BANDELIER) (1981). *Le psychanalyste à l'écoute du toxicomane*, Paris, Dunod.

BLOS P. (1985). *Son and Father, Before and Beyond the Œdipus Complex*, New-York, Free Press.

BRUSSET B. (1991). *L'assiette et le miroir. L'anorexie mentale de l'enfant et de l'adolescent*, Toulouse, Privat.

BRUSSET B. (1991). *La boulimie*, monographies de la *Revue française de psychanalyse*, Paris, PUF.

CHABERT C. et coll. « Évaluation des processus de changement au cours du traitement d'adolescents psychotiques », *Psychiatrie de l'enfant*, XXXIII, 1, 1990, p. 189-285.

CHABERT C., GUEDENEY N. « Permanence et changement dans l'évolution d'un adolescent psychotique », *Adolescence*, 1991, 9, 1, p. 295-315.

CAHN R. (1991). *Adolescence et folie*, Paris, PUF.

FREUD S. (1895). « L'esquisse d'une psychologie scientifique », in *Naissance de la psychanalyse*, Paris, PUF, 1973.

FREUD S. (1905). « Fragment d'une analyse d'hystérie (Dora) », in *Cinq psychanalyses*, Paris, PUF, 1970.

FREUD S. (1905). *Trois essais sur la théorie sexuelle*, Paris, Gallimard, 1987.

FREUD S. (1905). « Remarques sur un cas de névrose obsessionnelle (l'Homme aux rats) », in *Cinq psychanalyses*, *op. cit.*

FREUD S. (1915). *Vue d'ensemble des névroses de transfert*, Paris, Gallimard, 1986.

FREUD S. (1918). « Extrait de l'histoire d'une névrose infantile (l'Homme aux loups) », in *Cinq psychanalyses*, *op. cit.*

FREUD S. (1930). *Le malaise dans la culture*, Paris, PUF, 1995.

GREEN A. (1993). *Le travail du négatif*, Paris, Éditions de Minuit.

GUTTON P. (1991). *Le pubertaire*, Paris, PUF.

JEAMMET P. « Actualité de l'agir », *Nouvelle Revue de psychanalyse*, n° 31, 1983.

JEAMMET P. « Les destins de la dépendance à l'adolescence », *Neuropsychiatrie de l'enfance et de l'adolescence*, 38 (4-5), 1990.

JEAMMET P., BIROT E. (1994). *Étude psychopathologique des tentatives de suicide chez l'adolescent et le jeune adulte*, Paris, PUF.

KAËS R. (1993). *Le groupe et le sujet du groupe*, Paris, Dunod.

KESTEMBERG E. « L'identité et l'identification chez les adolescents », *Psychiatrie de l'enfant*, 5-2, V, 1962.

LAUFER M. et E. (1989). *Adolescence et rupture du développement*, Paris, PUF.

MÂLE P. (1982). *La crise juvénile*, Paris, Dunod.

MARCELLI D., BRACONNIER A. (1988). *Psychopathologie de l'adolescent*, Paris, Masson.

MARTY F. (1997). *L'illégitime violence*, Érès, Toulouse.

RASSIAL J.-J. (1996). *Le passage adolescent*, Érès, Toulouse.

RICHARD F. (1989). *Psychothérapie des dépressions narcissiques*, Paris, PUF.

RICHARD F. (1995). « Destins des rituels d'initiation et psychopathologie des adolescents », *Adolescence*, 26, p. 151-166.

RICHARD F. (1997). « La littérature adolescente entre le beau et le laid », *Adolescence*, 15, 1, p. 161-173.

TURNER V.-W. (1990). *Le phénomène rituel, structure et contre-structure*, Paris, PUF.

WINNICOTT D.-W. (1988). *Jeu et réalité*, Paris, Gallimard.

# Index

# PSYCHO SUP

## Le cours et ses exercices

Cours de psychologie (Ghiglione, Richard et coll.), 6 volumes
Exercices de psychologie (Dubois, Beauvois), 2 volumes

## Les manuels

Manuel de psychologie générale (Lieury), 2e édition
Manuel de psychologie de l'éducation et de la formation (Lieury et coll.)
Manuel de psychologie différentielle (Huteau)
Manuel de psychopathologie (Besançon et coll.)
Manuel de biologie pour psychologues (Boujard, Joly)
Manuel de neuropsychologie (Eustache, Faure)
Manuel de statistique pour psychologues (Guéguen)
Manuel de psychologie sociale (Cerclé, Somat)
Manuel de psychologie du vieillissement (Fontaine)

## Les méthodes en psychologie générale

L'approche expérimentale en psychologie (Rossi)
Les méthodes expérimentales en psychologie (Rossi et coll.)
Statistique en sciences humaines (Le Roux, Rouanet)

## Psychologie sociale

Le groupe en psychologie sociale (Aebischer, Oberlé), 2e édition
Initiation à la pratique sociologique (Champagne et coll.)
Anthologie des sciences de l'homme (Filloux, Maisonneuve)
Les concepts fondamentaux de la psychologie sociale (Fischer)
Manuel de recherche en sciences sociales (Quivy, Van Campenhoudt)
Éléments de sociolinguistique (Boyer), 2e édition
Les techniques d'enquête en sciences sociales (Blanchet et coll.)
Psychologie de l'environnement social (Fischer)
La dynamique du social (Fischer)
Psychologie de l'homme au travail (Gaillard)
L'entretien dans les sciences sociales (Blanchet et coll.)

## Psychologie clinique

La pratique de l'entretien clinique (Poussin)
Épreuves thématiques en clinique infantile (Boekholt)
Le fou, l'aliéné, le patient (Pewzner)
La démarche clinique en sciences humaines (Revault d'Allonnes et coll.)
Manuel d'utilisation du TAT (Shentoub)
La pratique de la psychologie clinique (Perron et coll.)
Recherches sur le langage en psychologie clinique (Blanchet et coll.)
Psychologie clinique. Approche psychanalytique (Séchaud et coll.)
Névroses et fonctionnements limites (Chabert, Brusset, Brelet-Foulard)
Problématiques de l'hystérie (André, Lanouzière, Richard)

## Psychologie cognitive

Intelligence artificielle et psychologie cognitive (Chaudet, Pellegrin)
Traité de psychologie cognitive (Bonnet, Ghiglione, Richard)
L'analyse automatique des contenus (Ghiglione, Landré, Molette, Bromberg)

043757(II)(1)OSB 80° PPC
Achevé d'imprimé en mars 2000
Imprimé en France par I.M.E. 25110 Baume-les-Dames
Dépôt légal : 1re édition : 3e trimestre 1998
Dépôt légal : mars 2000
N° d'impression : 14103